Chirac, mon ami de trente ans

DU MÊME AUTEUR

Chirac et dépendances, Ramsay, 2002.

Jean-François Probst

Chirac, mon ami de trente ans

DENOËL IMPACTS

Ouvrage publié sous la direction de Karl Laske
et Laurent Valdiguié

Avant-propos

Le président Jacques Chirac a présidé il y a quelques semaines l'émouvante cérémonie en l'honneur des Justes, au Panthéon, temple laïc de la République. Peu de temps après, au nom de la nation française, un hommage a été rendu, en présence du chef de l'État en la cathédrale de Notre-Dame de Paris, à l'action menée par ce grand homme, et humble chrétien, qu'était l'abbé Pierre. Hommage à la réflexion, à l'action pour la solidarité.

En cette année 2007, année de l'élection présidentielle mais aussi de la Coupe du monde de rugby que la France organisera, j'ai souhaité transformer l'essai que j'avais réalisé en 2002, en écrivant *Chirac et dépendances*, livre si bien diffusé…

De nombreux amis m'ont remercié pour ces portraits et anecdotes de l'épopée chiraquienne, et aussi pour mes commentaires dans le film *Chirac* de Patrick Rotmann, réalisé par Pierre Favier et Anne Fulda. Encouragé par Karl Zéro, qui m'a surnommé « la boîte noire des Chirac airlines », je viens dans ces pages, par quelques récits, illustrer cette tranche d'histoire, commencée il y a trente ans, et qui s'achève… peut-être.

Des hommes que j'admire, comme le grand chercheur et surfeur Joël de Rosnay ou l'étonnant comédien Vincent Lindon, notamment, m'ont touché profondément en me félicitant pour mes propos. D'autres, particulièrement des femmes, par exemple Danièle Nocher, grande prêtresse du développement durable, m'ont poussé à relater, de nouveau, des événements et des aventures que j'ai eu le privilège de vivre dans le système chiraquien.

Je cède donc à la cordiale pression d'amies et d'amis, en me lançant, probablement pour la dernière fois, dans quelques narrations sur la chiraquie, et sur ce qui ressemble un peu au « Crépuscule du dieu… »

Introduction

Le bruit du coffre

Dans son grand bureau de l'Hôtel de Ville, Chirac était en train de travailler, en survêtement bleu. Nous étions un dimanche après-midi de 1985, vers 15 heures. La Nouvelle-Calédonie commençait à s'embraser. Longtemps avant la tuerie d'Ouvéa et les accords de Matignon en 1988.

Les Canaques affrontaient déjà les partisans de Jacques Lafleur, président du RPCR. Pour ma part, secrétaire général du groupe RPR au Sénat auprès de Charles Pasqua, j'essayais de soutenir les efforts de Dick Ukeiwé, sénateur d'origine canaque et président du gouvernement du territoire. Je l'avais emmené au siège des Nations unies à New York, et à Washington pour une conférence de presse. Je l'avais aussi accompagné à Nouméa pour évaluer la situation. Sur place, nous avions aussi envoyé deux ou trois hommes proches de Jacques Foccart. Mais cette équipe était trop réduite. Il leur fallait des renforts. Un directeur de cabinet pour

Dick et six hommes pour assurer la sécurité des manifestations. Jacques Lafleur, pourtant richissime, ne voulait pas financer l'opération. Charles Pasqua et moi avons pris sur le budget du groupe RPR du Sénat. Mais les six devaient partir avec des fonds. Nous avions calculé qu'il leur fallait 500 000 francs. Charles Pasqua avait fini par appeler Chirac. À mots couverts, il lui avait demandé de l'argent pour aider Dick.

Chirac s'est levé. « Je vais te préparer ce qu'il faut, m'a-t-il dit. Lafleur exagère. » En le regardant filer vers l'autre bout de son bureau, j'ai constaté qu'il portait des mules. Il a poussé une petite porte. Le coin toilettes. Un gros coffre-fort se trouvait posé par terre. À côté de la cuvette des W-C. Chirac a tiré la chasse d'eau, tout en faisant la combinaison. Et cela m'a un peu intrigué. J'ai pensé que c'était pour couvrir le cliquetis de la combinaison. Prudence corrézienne !

Il est revenu vers moi avec une petite sacoche qu'il m'a remise. Je l'ai rangée dans un sac de sport, un peu maladroitement. Ne sachant quoi dire, j'ai lancé : « Je vous signe un reçu, monsieur le Premier ministre ? – Sûrement pas », m'a-t-il répondu en me raccompagnant à la porte. Un dernier mot : « Tu as bien compris ? On est au courant de rien… »

J'ai porté les 50 briques dans un petit hôtel de la rue Vivienne, où les hommes en partance dormaient. Il s'agissait d'intermittents des services spéciaux. Le fonctionnaire que nous avions choisi pour être directeur de cabinet de Dick Ukeiwé, le futur ministre Raymond-

Max Aubert, était déjà sur place et devait les prendre en charge à l'aéroport. J'étais le coordinateur de l'opération. Ma femme allait partir aussi pour gérer les relations presse de Dick Ukeiwé et du gouvernement du territoire. Elle s'installera d'ailleurs quelque temps dans la villa de Jacques Lafleur, qui lui coupera gentiment le téléphone. Générosité, quand tu nous tiens...

Ma génération a été habituée à ces distributions de cash dans les palais de la République. Lorsque j'étais à Matignon, mon salaire était modeste, mais il était doublé sous la forme d'un complément en liquide. Nous allions tous chercher l'enveloppe chez le chef de cabinet. Le premier distributeur d'argent liquide, c'était l'État. Les services du Premier ministre tenaient le coffre. Le chef de cabinet se rendait au ministère des Finances, alors rue de Rivoli, puis distribuait leur part aux autres ministères. C'était amusant de voir ce ballet des chefs de cabinet venant chercher leurs primes avec un gros cartable. L'argent liquide de l'État distribué dans le plus grand secret. J'ai travaillé dans les ministères – à Matignon, aux Affaires étrangères, et à la Jeunesse et aux Sports –, au RPR ainsi qu'à la mairie de Paris. J'en ai vu partout. Chirac, dans cette histoire, était le chamelier en chef. Il était à la tête de la caravane. Il prenait au passage pour que la caravane ait à manger et à boire...

1.

La trahison, un métier

Petit, il a poussé son meilleur copain dans l'escalier en jouant à colin-maillard. L'enfant avait les yeux bandés. Il n'a pas pu prouver que Jacques l'avait poussé. Chirac a pu nier devant sa mère. Toute sa vie, il a fait la même chose. Pousser les autres sur le bas-côté. Et continuer sa route en jouant l'innocent. C'est devenu un chasseur de grands fauves. Il aime tuer. Il y prend du plaisir. Sa méthode ? Le poison. La mort lente. Le baiser de l'araignée. L'embrassade mortelle. Paradoxalement, Chirac déteste la vue du sang ou la mort en direct. Pas question pour lui de voir sa victime souffrir à ses pieds. C'est un killer souriant. C'est chez lui un signe qui ne trompe pas et dont il faut se méfier. Quand il sourit, promet la lune et passe la main dans le dos, il faut faire attention au coup de dague. Quand je vois Nicolas et Cécilia habillée en Prada, robe bleue luisante, accueillis à l'Élysée par le couple présidentiel... je suis certain qu'ils ont du souci à se faire. C'est l'instant où Chirac est dangereux. Il préfère frapper quand on ne l'attend pas. Parce que ce qu'il aime par-dessus tout, c'est que ses victimes ignorent que le coup vient de lui. C'est sa marque de fabrique.

Ceci est un livre anniversaire. Chirac a été élu pour la première fois en 1967. Il clôt cette année un cycle de quarante ans de vie politique. Pour ma part, j'en compte trente-deux. J'ai eu le privilège de l'approcher depuis 1974. Ainsi que bien d'autres, parmi ses plus proches à différentes périodes : Jérôme Monod, Charles Pasqua, Jacques Toubon, Alain Juppé, Bernard Pons, Michèle Alliot-Marie, Jean Tiberi, Dominique de Villepin, Nicolas Sarkozy… Cofondateur du RPR, le 5 décembre 1976, je me suis remémoré les relations personnelles que j'ai pu avoir avec tel ou tel, sans oublier Bernadette et Claude Chirac, tel ou tel membre de l'entourage, comme Michel Roussin, l'ancien directeur de cabinet, Denise Esnous, la secrétaire particulière, et Jean-Claude Laumond, le fidèle chauffeur, sans oublier les gardes du corps, les journalistes, les courtisans, les parlementaires.

Le 12 octobre 2000, lors d'une caricature de procès, j'ai été exclu du RPR par la présidente du mouvement, Michèle Alliot-Marie, que j'avais largement contribué à faire élire un an plus tôt. Nous étions une vingtaine dans ce cas. D'abord convoqués comme des mauvais élèves. Puis « accusés » de faire campagne pour Jean Tiberi, le maire sortant de Paris. Nous ne soutenions pas Philippe Séguin. Il n'y a eu aucune discussion, nul débat contradictoire, mais une exécution. Même le Parti communiste, en 2000, n'excluait plus ses dissidents. Nous avons donc été exclus. Je me suis promis de ne plus prendre de carte d'un parti politique. Je me suis mis à penser aux autres dirigeants du RPR, à tous ces fidèles, parfois sans grade, qui avaient fait les frais de leur engagement aux côtés de Chirac.

Le président déteste le conflit ouvert. Il déteste les pleureuses. Contrairement à ce que l'on imagine, Chirac, qui paraît si agité, n'est pas un homme coléreux. Il n'élève jamais la voix et les portes ne claquent pas sur son passage. Je ne l'ai jamais vu envoyer valser quelqu'un et les seuls moments où il s'est emporté ces dernières années à l'Élysée, dit-on, c'était contre Dominique de Villepin qui s'imaginait pouvoir « gérer son cerveau ». Comme il n'aime pas le conflit direct, il n'aime donc pas mettre à mort lui-même, face à face, ses victimes. Pour cela, il est prêt à tous les mensonges, tous les biais, tous les trucages. Ce fut le cas pour Michel Roussin par exemple, dévoué corps et âme pendant tant d'années au couple présidentiel, qui allait jusqu'à promener leur chien. Dans un avion pour le Maroc, à l'occasion d'un voyage qu'il avait soigneusement organisé, il a vu Chirac s'approcher et s'asseoir à côté de lui pour lui annoncer, au détour de la conversation, son éjection : « Michel, pour vous remplacer, j'ai pensé à Pierre-Mathieu Duhamel. » En quelques secondes, Michel

Roussin a compris qu'il était viré et qu'un successeur avait déjà été désigné. Il n'avait pas le choix, rien à dire. Surtout ne pas se plaindre ! Surtout ne pas gémir ! Tout le monde, tôt ou tard, doit quitter la caravane Chirac. Roussin a mis des semaines à s'en remettre.

Même Bernard Pons a été tué d'un coup de dague indirect. Pons pourtant ! Son ami des débuts. Son copain de virées, son médecin personnel, son compagnon des passages à vide… Il sait tout du Chirac côté vie privée. Les femmes. Le tour de Paris à fond, un soir bien arrosé, dans la Ferrari de Johnny. Les cocktails de fortifiants les jours de blues. Les escapades cachées. C'est peut-être une forme de revanche d'avoir chargé Bernadette de son exécution. La présidente est allée soutenir ouvertement Françoise de Panafieu, missionnée pour le sortir de son XVIIe arrondissement. Aux abois, Bernard Pons a appelé Chirac… qui a joué l'étonné. Celui pas au courant. Il a menti à son vieil ami comme il devait mentir à sa propre mère, il y a bien longtemps. C'est tout Chirac. Bernard Pons est parti bouder aux Antilles. Comme un homme blessé. Des mois plus tard, croyant le calmer, Chirac a envoyé un de ses préfets pour lui proposer la Légion d'honneur. Humilié, Bernard Pons l'a évidemment mal pris. La plaie s'est rouverte. Et pendant des mois, cet ancien compagnon des premiers jours, l'ancien président de l'association des amis de Jacques Chirac, le grognard de 1995, a pleuré son ami perdu. En vain.

Le premier assassinat commis par Chirac en politique fut celui de Jacques Chaban-Delmas en 1974. Un crime parfait. Tout y est passé. D'abord les rumeurs colportées par l'entourage. L'ancien Premier ministre était un homme riche : son avis de (non-)imposition, habilement envoyé au *Canard enchaîné*, en témoignait. D'après ces ragots, sa première épouse était morte dans des conditions mystérieuses. Il gérait mal sa ville de Bordeaux. Selon un mot attribué à de Gaulle, c'était « un sauteur ». En 1974, c'est moi qui apportais les dépêches d'agence à Chirac quand il s'employait à faire barrage, avec Giscard, à Jacques Chaban-Delmas et cassait quotidiennement sa campagne. Chirac, qui était ministre de l'Intérieur, a même fabriqué de faux sondages des Renseignements généraux qui annonçaient que Jacques Chaban-Delmas ferait un mauvais score. Tout cela était distillé dans les journaux. Le compagnon de la Libération ne s'en est jamais vraiment remis.

Le ménage avec le nouveau président fonctionnait plutôt bien, au début. Chirac avait tout à apprendre et il a accepté d'avaler les premières couleuvres. Il s'est d'ailleurs mis, c'est assez drôle, à parler avec la même voix que Valéry Giscard d'Estaing. Mais au fil des mois, c'est devenu plus dur. Chirac est un joueur de belote, Valéry Giscard d'Estaing préfère le bridge. Il n'a pas supporté d'être rabaissé, pris pour un imbécile incompétent. Il était Premier ministre d'un gouvernement dont les principaux ministres rendaient compte dans son dos directement à l'Élysée. La condescendance du président l'a usé. À Brégançon, le couple présidentiel avait droit à des fauteuils, le Premier ministre et son épouse devaient se contenter de chaises. Aujourd'hui Valéry Giscard d'Estaing nie l'anecdote, mais Chirac a raconté la scène à l'époque. À Matignon, on voyait bien que le Premier ministre était maltraité. Dès qu'il avait quelque chose à demander, une nomination par exemple, les choses traînaient. Le président l'a bravé. A tenté de lui tordre le bras. Dans ces cas-là, Chirac devient méchant. La dernière semaine à Matignon, je lui avais trouvé un des premiers magnétoscopes et il a passé son temps à regarder westerns et autres films, appréciant tout particulièrement *L'Homme tranquille* avec John Wayne et Maureen O'Hara. Lorsqu'il a répété l'annonce de sa démission devant la caméra, il a semblé retrouver sa sérénité. Son supplice s'achevait. Il redevenait heureux. Il avait décidé de braver Valéry Giscard d'Estaing. Et cela le soulageait.

Puis il s'est lassé de son tandem de conseillers, Pierre Juillet et Marie-France Garaud, à qui pourtant il devait tout. Bernadette a donné une interview menaçante dans *Elle* sur le thème « c'est elle ou moi » à propos de Marie-France Garaud. Du jour au lendemain, Chirac a refusé de prendre en ligne son ancienne conseillère. Un jour, au volant de son Austin, Marie-France Garaud a donc attendu la voiture de Chirac à la sortie de l'Hôtel de Ville. C'est Jean-Claude Laumond, le chauffeur, qui m'a raconté la scène. Marie-France Garaud leur a fait une queue-de-poisson rue de Rivoli, obligeant la voiture de Chirac à stopper. Elle est descendue comme une furie, a ouvert la portière arrière et s'est installée sur la banquette, très près de lui. Elle a fait à Chirac une scène mêlant colère, pleurnicheries et supplications. Tout ce qu'il déteste. Lui rappeler ce qu'il « lui devait » n'y a rien fait. Pierre Juillet s'est retiré dans sa maison de la Creuse. Ils ne sont jamais revenus.

Chirac a bien souvent changé de gourous. Édouard Balladur, Bernard Pons et surtout Charles Pasqua sont entrés en scène. Charles est celui qui a su le mieux y faire pendant des années. La création du RPR en 1976, la prise de la mairie de Paris, c'est beaucoup lui. En 1980 – l'épisode est assez peu connu – Pasqua s'est fait prendre en pleine réunion du RPR à bourrer une urne. L'informatique n'était pas encore au goût du jour dans notre mouvement. Croyant aller aux toilettes, un militant avait malencontreusement ouvert la porte de la cuisine où Charles et Roland, un militant chevronné, s'affairaient avec l'urne. Chirac n'a rien pu faire d'autre que de demander à Charles Pasqua d'abandonner son poste de secrétaire général adjoint du mouvement. Il a changé de bureau et s'est installé place du Palais-Bourbon. Cela a duré six mois. Au lieu de se plaindre, connaissant bien son bonhomme, Charles Pasqua a eu une idée. Il a rempli un gros cartable de vieux journaux et a demandé un rendez-vous à Chirac. Il est entré dans le grand bureau du maire et à grandes enjambées marseillaises est allé poser le cartable bourré à craquer sur la table. « Jacques, j'ai beaucoup travaillé, il y a là-dedans tout ton plan de campagne pour la présidentielle. » Chirac n'a pas ouvert le cartable et lui a dit : « Banco !

Charles, tu organiseras ma campagne. » Mais cette fois-ci, comme l'a découvert trop tard Giscard, nous avons surtout appuyé secrètement la campagne de François Mitterrand. Un « Pasqua's boy » avait même fait imprimer des autocollants en forme de diamants à coller sur les affiches de Valéry Giscard d'Estaing par-dessus les yeux du président. Efficace. Évidemment, Chirac a toujours nié, à juste titre, y avoir été pour quelque chose.

Son problème, c'est qu'il se lasse. À part sa fille et sa femme, il a régulièrement changé d'entourage. En général, il ne tue pas tout de suite. Il use d'abord. Je suis persuadé qu'il a aidé en sous-main le débutant Sarkozy pour qu'il empêche Charles Pasqua d'occuper le fauteuil de maire de Neuilly. Un colin-maillard parfait. Charles, les yeux bandés, a dévalé l'escalier sans se rendre compte que Chirac l'avait poussé. « En politique, le premier qui tire est mort », répète-t-il souvent. Charles Pasqua s'est usé, il s'est senti marginalisé, fragilisé, et a commis la faute de tirer le premier. Sa tentative de putsch avec Philippe Séguin au début de 1990 a permis à Chirac de reprendre les rênes tout en se posant comme une victime. « Voyez Charles Pasqua, c'était mon ami… et il veut maintenant me mettre à la retraite. » Chirac a fait une bouchée des « deux gros », comme il les appelait alors. Avec Philippe Séguin, c'était encore plus simple. Chirac s'en est toujours méfié. Du temps où il était ministre de l'Agriculture sous Pompidou, déjà, Philippe Séguin était conseiller technique à l'Élysée en charge des affaires agricoles. Il juge Chirac trop bavard. Chirac, lui, le trouve parfois trop « chiant ». « Qu'il est casse-bonbons, le gros ! » lançait-il constamment. Philippe Séguin se nourrit de colères, de coups de gueule et de railleries. Tout ce que déteste Chirac, qui le prend pour un incontrôlable. Il n'aime pas les gens à problèmes. Il préfère ceux qui entrent dans son bureau avec une solution, en forme et pétant la santé. À l'inverse de Séguin et de ceux qui lui feront pourtant gagner la campagne de 1995 contre Édouard Balladur.

C'est une autre de ses spécialités. Il tue, mais jamais complètement. La victime peut toujours resservir. Je m'en suis rendu compte en 1994, au pire moment de la campagne contre Édouard Balladur, quand Charles Pasqua a trahi à son tour. Pour railler le changement de camp du ministre de l'Intérieur, j'avais déclaré au *Journal du dimanche* que « pour la première fois, Charles Pasqua va faire gagner Chirac ». Chirac avait rigolé de la formule mais m'avait appelé le lendemain pour me demander d'arrêter. « On aura besoin de Pasqua pour le second tour », m'avait-il dit. Pas faux.

On a eu besoin de lui pour le second tour. Mais on s'est passé des balladuriens juste après. Le mot d'ordre était « pas de prisonniers ». Pendant la campagne de 1995, j'ai travaillé pour Chirac, dans l'ombre d'un petit bureau, en électron libre. Je l'avais régulièrement au téléphone et je passais une fois par semaine au QG de campagne avenue d'Iéna. Il ne m'est jamais apparu autant chef de guerre qu'à cette période. Il voulait voir Édouard Balladur mordre la poussière et disait de Nicolas Sarkozy qu'il fallait « lui marcher dessus du pied gauche ». C'était un homme blessé devenu méchant. Il n'est pas resté inerte. Il a installé tranquillement ses crocs de boucher et y a suspendu les balladuriens les uns après les autres : Charles Pasqua, Michel Roussin, Nicolas Sarkozy, Patrick Balkany… Même Michèle Alliot-Marie a été mise en quarantaine. En fait, en 1995, après avoir fait campagne sur le thème de la fracture sociale, il aurait évidemment dû nommer Philippe Séguin à Matignon. Mais comme il n'a jamais pu supporter la complexité du « gros »… il a préféré Juppé, « le meilleur d'entre nous », qu'il a soutenu contre vents et marée. « Pas question de m'emmerder avec le gros con »…

Philippe Séguin a été cantonné à l'hôtel de Lassay, il resservira par la suite. Quand il a fallu éliminer un autre témoin encombrant : « mon ami Jean ». Même technique, l'usure, pour éliminer le fidèle Tiberi. Chirac a donné son feu vert à Bernard Pons et à Jacques Toubon pour fomenter un putsch à l'intérieur du conseil municipal de Paris, histoire de fatiguer la cible. Jean Tiberi, pendant des mois, a refusé de croire que Chirac jouait double jeu dans son dos. Bernadette s'est chargée de la mise à mort. Le 9 novembre 2000, Jean Tiberi prononce un discours pour l'inauguration de la statue du général de Gaulle sur les Champs-Élysées. À la fin du discours, Bernadette Chirac, placée au premier rang, n'applaudit pas, ostensiblement, froidement. C'est à ce détail que les Tiberi ont compris qu'ils étaient morts. Comme dans un film sur les mœurs en Sicile.

Ensuite Dominique de Villepin a rapporté à Michèle Alliot-Marie, présidente du RPR : « Le président m'a demandé de vous dire qu'il fallait exclure Tiberi et sa bande. » Michèle Alliot-Marie s'est chargée de l'investiture de Philippe Séguin pour la mairie de Paris. Les Tiberi étaient effectivement morts, dans l'heure.

Jean Tiberi s'est énervé le jour où il a appris que Canal + s'apprêtait à organiser un débat entre Philippe Séguin et Bertrand Delanoë. Fou de rage, il a appelé Michel Denisot, alors patron du PSG, qui appartenait à la chaîne cryptée, pour lui rappeler qu'en tant que maire de Paris il avait toujours fait voter la subvention du club parisien, qu'il ne ratait aucun match et qu'il n'y avait aucune raison de le traiter aussi mal. Après avoir raccroché, Jean Tiberi, voyant qu'il était encerclé, m'a demandé de lui faire le numéro de « Jacques ». Jean était furieux, sur le thème « on salit ma famille »... Chirac jouait la gêne et l'embarras, ne cessant de répéter qu'il y avait « méprise ». « Mais Jean, tout cela est une terrible méprise, si j'avais été informé de quoi que ce soit, crois-moi, j'y aurais mis le holà. » Jean Tiberi revenait sans cesse à la charge avec la même phrase : « Tu vois ce que je veux dire ! » lourde de sous-entendus. Chirac le suppliait de croire qu'il ne voulait prendre parti pour personne. Jean Tiberi lui demandait de calmer Dominique de Villepin, son bras droit d'alors : « Sinon ça va très mal se passer. » J'espère simplement qu'avec leurs satellites espions, les Américains n'auront pas enregistré cette conversation qui avait un petit côté... « clan des Siciliens ». Chirac a tout nié. Comme le jour de colin-maillard.

Il s'est pourtant bel et bien servi de Philippe Séguin pour éliminer Jean Tiberi. Il fallait que « son ami Jean » quitte la mairie de Paris, sinon les « affaires » n'allaient jamais s'arrêter. En quittant le fauteuil de maire, Jean Tiberi emportait avec lui, comme un paratonnerre, la sale réputation des années Chirac. En lui laissant un peu d'oxygène pour qu'il présente ses listes de maire sortant, Chirac faisait d'une pierre deux coups... condamnant Philippe Séguin à la défaite. Il ne voyait pas non plus d'un bon œil cette idée du « gros » s'installant dans son fauteuil de maire. Il aurait été capable de faire un audit ! C'est ainsi que Bertrand Delanoë a gagné la ville...

Finalement, Jean Tiberi aura été un faux dur. Je revois Xavière, en jogging, les pieds sur mon bureau, raconter les Chirac, côté jardin. « Les emplois fictifs, les électeurs fantômes ? Mais Jean-François, c'est Chirac qui demandait, Jean n'était même pas informé ! » Tiberi a menacé d'écrire un livre qu'il n'a jamais publié. Chirac, passé l'orage, lui a promis qu'il garderait la mairie du Ve et qu'après lui son fils Dominique continuerait l'ouvrage.

Chirac pense aussi que tout se négocie. Que chaque homme a son prix. Évidemment, plus il est haut, plus il est cher. Plus il est descendu, plus il est bon marché. « La politique, Jean-François, c'est un métier. » Avec lui, c'est surtout un travail de professionnel.

2.

Pouvoirs de séduction

Curieuse mission. Fin 1976, je me rends à Rueil-Malmaison. Dans une clinique discrète, où une journaliste est hospitalisée. J'ai apporté un bouquet de fleurs et des chocolats. Chef du service politique d'un grand quotidien, elle se remet petit à petit d'une « vraie fausse » dépression. Elle s'apprête à divorcer, mais c'est de Chirac qu'elle est éprise. C'est la vie de cette jeune femme. Elle est tout le contraire d'une pétroleuse, mais elle a été l'épouse d'un homme de gauche et sera plus tard la compagne d'un futur ministre, puis de deux grands patrons d'entreprises. Elle vit aujourd'hui heureuse avec un nouveau mari. Un jour, elle croisa François Mitterrand à la brasserie Lipp. « Alors, belle enfant, toujours amoureuse ? » lui lança, amicalement, le président.

J'avais fait sa connaissance en travaillant au service de presse de Matignon. « Vous la connaissez sûrement, m'avait dit le Premier ministre. Elle nous accompagne en Inde, mais elle ne supporte pas les vaccins. Vous trouverez bien une solution ? » J'avais trouvé en effet très vite un médecin complaisant. Chirac avait quitté une réunion pour la prévenir, livret de vaccinations en main, que tout était en ordre. Sa sollicitude m'avait laissé rêveur. Mais cette fois, c'était en ma qualité de collaborateur du nouveau président du RPR que j'étais allé à son chevet à Rueil-Malmaison. Nous avions pris nos quartiers tour Montparnasse. À mon retour, j'ai croisé Chirac en sortant de l'ascenseur. Il m'a demandé des nouvelles. Il était inquiet. Je l'ai rassuré.

Elle avait été de presque tous les voyages du Premier ministre. On la voit sur certaines photos officielles. En mars 1975, on l'aperçoit en arrière-plan de la photo de Chirac avec Brejnev. Le Premier ministre semble n'avoir d'yeux que pour elle. Journaliste brillante, elle gratifiait Matignon de « bons papiers », mais surtout elle savait inspirer Chirac. Elle était issue d'un milieu modeste, une famille communiste. Son père avait été accordéoniste. Son premier mari appartenait à la direction de la SFIO et serait ministre. C'était une jolie femme, un rien baba cool, entourée d'amis journalistes, les anciens du quotidien *Combat*, Paul Guilbert, Henri Chapier, Philippe Tesson. Elle rapportait de nombreuses rumeurs parisiennes à Chirac, l'amusait, et lui apprenait un peu de l'univers de la jeunesse post-soixante-huitarde. Il avait en 1975 une difficulté à approcher et comprendre la jeunesse. Il n'avait pas non plus cette capacité de Mitterrand ou de Giscard à conter des anecdotes, sinon celles qui se rapportaient à la Corrèze. Elle lui ouvrait l'horizon. Sur les films qu'il devait voir. Les livres qu'il pouvait lire. C'est qu'il était plutôt lecteur d'OSS 117 et amateur de trompette de cavalerie… Le conseil valait pour son image. « Tu devrais faire les bouquinistes », lui avait-elle conseillé aussi. Il s'y était mis. Jusqu'au jour où l'histoire commence à choquer dans l'entourage de Chirac. Et dans Paris. Marie-France Garaud, la conseillère, exige et obtient qu'elle soit bannie. Denise Esnous, la secrétaire particulière, se charge de bloquer les appels. Chirac accepte l'injonction. C'est fini.

Durant ces deux ans passés à Matignon entre 1974 et 1976, j'ai découvert des relations parfois dépourvues d'ambiguïtés avec des journalistes. J'ai appris en live le cynisme politique. À l'époque, on avait encore un ministre de l'Information. Lors d'un déjeuner chez Taillevent, Chirac exigea de Jean-Luc Lagardère « qu'Europe 1 cesse de persifler » au sujet des ventes d'armes soutenues par le gouvernement français à l'étranger. « Je ne veux plus voir ce petit gros dans la cour de Matignon », avait lancé le Premier ministre. Le petit gros, c'était Gérard Carreyrou, le directeur de la rédaction d'Europe 1. Le pouvoir politique tenait l'ORTF dans sa main. À Matignon, Jacques Friedman, ami personnel de Chirac, avait reçu la mission de démanteler l'Office en plusieurs sociétés d'État et plusieurs pôles. Les premières opérations de communication étaient tentées avec la presse écrite. Avec *Le Parisien* et *L'Équipe*, recevoir l'équipe de France de rugby à Matignon après un tournoi. Avec *France-Soir*, montrer le Premier ministre aux commandes d'un Jaguar de l'armée française. Tandis que Chirac pilotait, Garaud avait la mainmise sur Havas, *Le Figaro*, *France-Soir*. Un début de crise au *Figaro* et des instructions sont données aux banques pour que Robert Hersant dispose de crédits. Au décès de Lazareff, très vite *France-Soir* est à récupérer. Hersant rafle la mise. Pierre Juillet et Marie-France Garaud sont attaqués par la gauche sur le sujet.

Mais le contrôle de la presse passe aussi par des contacts directs avec les journalistes. Un matin de 1977, Chirac et Jérôme Monod annoncent qu'il faut aider à l'embauche de Catherine Pégard au *Quotidien de Paris*. La journaliste venait de Normandie. Elle fera carrière. C'est moi qui ai téléphoné à Paul Guilbert au *Quotidien*. Anita Hauser aussi a été très courtisée. Lors d'un déplacement politique, Chirac est même passé amicalement chez ses parents en Alsace. Des coups de fil, il en donne aussi au *Canard enchaîné* lorsqu'il est Premier ministre entre 1974 et 1976. Auparavant, ministre de l'Intérieur, il avait déjà alimenté la presse pendant le scandale de l'avoir fiscal de Jacques Chaban-Delmas, auquel Valéry Giscard d'Estaing n'était pas étranger. Dans le bureau du premier étage de Matignon, j'ai suivi des conversations téléphoniques avec quelques figures de la rédaction du *Canard*. À l'époque, Chirac et Marie-France Garaud ont deux principes concernant l'hebdomadaire satirique : « 1. On ne répond jamais au *Canard*. 2. On tente de faire des échanges avec *Le Canard.* » Le Premier ministre Chirac informe lui-même l'impertinent sur certains dossiers internationaux, en particulier sur la politique du Quai d'Orsay, qui passionne tel journaliste. En quarante ans, *Le Canard* n'a d'ailleurs pas beaucoup mis en cause la politique arabe de la France. De son côté, Chirac fait tout pour conclure de grands marchés avec des pays comme l'Iran, l'Irak et la Libye. Avec les journalistes d'investigation, certains deals sont apparemment possibles. On parvient à empêcher la parution de dossiers gênants en échange d'autres éléments. C'est ainsi que l'on a « sauvé » Jean-Charles Marchiani en 1983. Les articles en préparation sur lui dans un hebdomadaire ont été « échangés » contre d'autres, sur les ventes sensibles avec l'Afrique du Sud.

Serge Boidevaix, Éric Desmaret, Maurice Gourdault-Montagne, les conseillers diplomatiques successifs de Chirac – sans oublier Dominique de Villepin –, ont été en contact régulier avec la presse. Et lorsqu'elle voulait critiquer les Américains, on lui en donnait...

Des femmes journalistes approchent Chirac. Séduites tout autant que chasseresses. Virginie Merlin de *Paris Match*, Catherine Nay et Michèle Cotta, alors à *L'Express*, et d'autres jolies femmes qui ne laissent que leurs surnoms à l'entourage. L'une d'elles, journaliste à Europe 1, est surnommée « la petite grise ». Elle porte un maxi-manteau gris. À force de la voir partout, l'équipe Chirac décide de la rayer de la liste des journalistes accrédités pendant la campagne pour les municipales de 1977.

Chirac a aussi rencontré l'avocate Gisèle Halimi. Femme de gauche qui défendait les femmes. Chaleureuse, elle le fascine. C'est elle, surtout, qui lui ménage le chemin de François Mitterrand, avant l'élection présidentielle de 1981. La rencontre Mitterrand-Chirac a lieu, sous les auspices d'Édith Cresson, chez Jean de Lipkowski, rue du Bac à Paris. Son amitié pour Chirac ne se démentira pas. Et lorsque le père de Gisèle Halimi obtient les insignes de la Légion d'honneur, c'est Chirac qui les lui remettra.

D'autres femmes, rencontrées dans l'exercice de ses fonctions, bénéficient de la sympathie du futur président de la République. Marie-Thérèse Jacono-Hermange, simple collaboratrice du ministère de l'Agriculture, est propulsée chef de cabinet au ministère délégué aux Départements et Territoires d'outre-mer. Malgré une vie de mère de famille très remplie – elle aura sept enfants –, elle fait, notamment grâce au parrainage bienveillant de Chirac, une carrière fulgurante dans l'appareil municipal parisien. Maire adjointe à la petite enfance, conseillère régionale, elle deviendra sénateur de Paris, grâce au soutien du maire. Christine Albanel, la plume de Chirac, suivra elle aussi longtemps son sillage. Agrégée de lettres, elle avait été chargée de presse à l'Élysée sous Giscard d'Estaing. Puis le maire de Paris l'a récupérée à son service, en 1982. Belle femme aux longs cheveux châtains, elle avait le charme d'un félin. Élue conseillère régionale en 1986, elle rejoint Chirac à Matignon comme chargée de mission pendant la première cohabitation. Au retour à la mairie de Paris, en 1988, elle devient directrice adjointe du cabinet du maire, jusqu'en 1995. Bonne plume, elle écrit deux romans dans cette période (*Barrio Chino* et *Une mère insensée*) et devient conseillère pour l'éducation et la culture à l'Élysée, jusqu'en 2000. Après quoi, on la retrouvera présidente du musée et du domaine de Versailles.

En amitié, Chirac n'est pas toujours ingrat. Même pour les sans-grade. L'entourage du Premier ministre s'était plié en quatre pour que Chantal Nicot, pilier, dans les années soixante-dix, de son équipe corrézienne, ouvre un joli magasin de vêtements pour enfants, avenue de Breteuil, après son bannissement de l'hôtel Matignon fin 1976.

Après la défaite de Giscard, en 1981, une autre femme fait son apparition auprès de Chirac. C'est Michèle Alliot-Marie. À l'époque, il nous faut dénicher des jeunes talents et des idées nouvelles capables de relancer Chirac. On lui envoie quelques personnes. Yvan Blot, très à droite et qui partira au FN en 1988, et une jeune femme qui, à vingt-deux ans, a occupé son premier poste auprès d'Edgar Faure, à la présidence de l'Assemblée, en 1974 : Michèle Alliot-Marie. Elle vient de l'UDF. Elle a travaillé avec Alice Saunier-Seïté, Bernard Stasi et Jean-Pierre Soisson. Elle a tenté de se faire élire comme suppléante de son père à Biarritz, avant de devenir conseillère municipale d'opposition à Ciboure. Plutôt scolaire, besogneuse, elle est chargée de travaux dirigés en faculté. Elle a épousé un homme de trente ans son aîné. Chirac est séduit. Il voit en elle « les plus belles jambes du RPR »… Avec des lunettes de bosseuse, Alliot-Marie avait un corps de sportive. Elle est surtout la fille d'un des élus du Sud-Ouest dont Chirac a besoin, Bernard Marie, ancien soutien de Jacques Chaban-Delmas et de Michel Debré. Élue députée grâce au scrutin proportionnel, elle devient secrétaire d'État chargée de l'Enseignement, sous la première cohabitation. Elle divorce d'Alliot. Charles Pasqua lui offre de succéder à Georges Gorse à Boulogne. Lors des journées parlementaires du RPR à Perpignan, Michel Roussin et Roger Romani se mettent en quatre pour Michèle, devenue la militante favorite du chef. « C'est elle le gouvernement de Chirac en ce moment », disait-on.

Le maire de Paris tombe aussi sous le charme de Françoise de Panafieu. La jeune femme lui rappelle une amie d'études. À Sciences-Po, le jeune Chirac était très amoureux de Marie-Thérèse de Mitry de Wendel, qui épousera Jean François-Poncet. « Panaf » est la nièce de son rêve étudiant, une fille de la sœur de Marie-Thérèse, Hélène Missoffe[1]. Françoise de Panafieu est

1. Hélène de Mitry de Wendel a épousé François Missoffe, ancien ministre du général de Gaulle.

élue conseillère de Paris sur l'insistance de ses parents, hiérarques du mouvement. Son mari, Guy de Panafieu, est l'un des dirigeants de la Lyonnaise des eaux. Chirac a probablement cette délicieuse impression de retrouver un peu de Marie-Thérèse chez Françoise. Quant à « Panaf », cette faveur la réjouit, comme on peut le voir sur les photos officielles où elle apparaît souvent rayonnante près du maire.

C'est encore une autre femme qui a failli s'imposer auprès de Chirac. Venant de l'humanitaire, médecin moderne et dynamique, Michèle Barzach est chargée d'animer un comité de réflexion sur la santé au RPR, avant de se trouver propulsée ministre déléguée à la Santé. Dans les conclaves du RPR, Chirac lui donne la parole. On la voit participer à des voyages officiels où elle n'était pas attendue. En 1988, après la réélection de Mitterrand, se tiennent à Nice les journées parlementaires du RPR. Barzach doit venir. Chirac arrive dans un avion Dassault, avec Roussin et Balladur. Sur les conseils de Jacques Médecin, nous organisons la soirée de gala avec Anne Braun, Gisèle Godest et Denise Métayer. Des trois tables d'honneur, la première est présidée par Chirac, la deuxième par Charles Pasqua et la troisième par Bernard Pons. Malgré la déception électorale, il est prévu d'ouvrir la soirée par un « monsieur le Premier ministre est servi ». Le dîner est offert par les présidents des deux groupes parlementaires.

Pendant l'apéritif, Chirac me fait signe. « Tu as bien mis Michèle Barzach à côté de moi ? veut-il s'assurer.

– Non, lui dis-je. – Ici, pas de protocole parlementaire, me lance-t-il. J'exige que Michèle Barzach soit à côté de moi. » Je file reprendre les cartes d'invités, et je replace l'ex-ministre déléguée selon la consigne. À l'ouverture de la soirée, Chirac fait son entrée. Il se précipite vers la table d'honneur… en tenant par la main Michèle Barzach. La soirée battait son plein quand Édouard Balladur, l'ancien ministre d'État, a demandé sans succès que l'on arrête la musique – une imitation d'Elton John par les artistes de la Madonette –, avant de s'éclipser, ostensiblement suivi par Françoise de Panafieu.

Chirac n'était plus Premier ministre. Et c'était comme si quelque chose avait volé en éclats. À la fin du repas, il s'est levé, puis à la surprise générale, pendant que députés et sénateurs dansaient, il est parti avec Michèle Barzach. Tout l'état-major du parti se demandera, ce soir-là, s'il allait changer de vie… et enfin respirer.

Mais Michèle Barzach s'impose différemment. Il faut qu'elle soit sur l'affiche. Et l'appareil du parti n'apprécie guère. On finit par se demander « qui est le grand à côté de Barzach »… Trop, c'est trop. Elle est omniprésente. Ses prises de position sont interprétées comme des caprices. Il suffira d'un incident : il aura lieu lors d'un conseil national, en 1989. Alain Juppé, secrétaire général du parti, préside la réunion. Et alors qu'il est en train de parler, Barzach monte soudain à la tribune. Elle va vers Chirac si peu discrètement que tout le monde s'en aperçoit et, en le tutoyant, elle lui fait une sorte de scène. Certains entendent : « Tu m'avais dit que... » Michèle Barzach était secrétaire nationale du RPR et s'attendait à se voir propulsée secrétaire générale adjointe. Elle va payer très cher son culot. Le lendemain, elle n'est plus rien. Rue de Lille, au siège du mouvement, son bureau est vidé. Les serrures, changées. Je n'ai jamais vu de limogeage aussi dur. Sous la pression du parti et d'autres forces, Chirac l'a donc virée. Son entourage a immédiatement tourné le dos à cette autre Michèle. Le parti s'était pourtant beaucoup servi du Dr Barzach et de sa belle image.

Surveillé par les entourages, Chirac prend quand même de nombreuses précautions pour éviter d'entretenir les commérages. Ainsi se présente-t-il comme « monsieur Georges », lorsqu'il appelle Élisabeth Friedrich à l'AFP. Accréditée à l'Hôtel de Ville, cette journaliste a été l'un des piliers de l'Association de la presse municipale. En 2001, alors que les journaux feuilletonnent sur l'affaire des billets d'avion de Chirac, le journal *Libération* publie une photo prise, en 1992, au Royal Palm de l'île Maurice où Chirac est parti en vacances cette année-là. C'est un document qui étaye les soupçons, puisque les billets pour l'île Maurice auraient été payés en liquide. Mais *Libération* ignore, ou feint d'ignorer, le deuxième scoop de l'image. La révélation cachée. Une journaliste est sur la photo. Ces clichés ne devaient jamais sortir. Leur publication, dix ans plus tard, est une surprise totale. L'Élysée n'en a pas bien dormi pendant plusieurs jours. Bernadette n'a pas apprécié.

Élisabeth Friedrich avait été de bien des voyages, « municipaux » ceux-là, organisés par l'Association internationale des maires francophones (AIMF), présidée par Chirac. J'ai eu l'occasion de porter un message à celui-ci lors d'un congrès de l'AIMF au Gabon. Il s'agissait d'une lettre de Jérôme Monod à propos d'une concession des eaux que la Lyonnaise voulait emporter à Libreville. J'arrive à sept heures du matin. Je suis introduit dans la suite du maire de Paris. J'ai la surprise d'y rencontrer la journaliste accréditée. « Vous connaissez Élisabeth... », me dit Chirac. Si on reprend les dépêches qu'elle a écrites, on constatera que la journaliste a fourni une formidable caisse de résonance au maire de Paris en précampagne électorale. La séduction l'avait emporté sur toute autre considération.

3.

Le drame de Laurence

La rumeur était venue d'on ne sait où. Mais les lettres affluaient au secrétariat de Chirac. Des dizaines, puis des centaines. Des condoléances. Denise Esnous, l'inamovible et fidèle secrétaire particulière, ne savait plus quoi en faire. Au Sénat, où j'assurais le secrétariat général du groupe parlementaire, il en allait de même. Des élus venaient, attristés, sûrs de la nouvelle. Laurence, la fille aînée de Chirac, était morte. Tout Paris le disait ! Et pourtant non. Une tentative de suicide aurait eu lieu. Plus dramatique que les autres. Elle s'en sortirait. Elle n'était pas morte. Laurence était bien en vie.

Laurence est tout le portait de sa mère. Elle a aussi une grande fragilité. Féline, timide, recourbée, un peu malheureuse. À l'adolescence, elle s'est laissée maigrir. Chirac, alors, a fait tout ce qui était en son pouvoir pour que sa fille s'en sorte, consultant lui-même régulièrement. Un professeur lui a recommandé de la voir au moins une heure par jour. De déjeuner avec elle. Fin

1976, début 1977, le RPR est en train de se constituer. Bientôt, la mairie de Paris sera à portée de main de Chirac. L'organisation que pilotent Jérôme Monod et Charles Pasqua n'est pas facile. Mais le cercle restreint du cabinet se débrouille. Chaque jour à midi, il voit Laurence et déjeune avec elle dans un bistrot anonyme et discret. Il repart à 12 h 50 vers un autre déjeuner. On rapproche le lieu des rendez-vous avec Laurence des rencontres politiques. Denise Esnous, Jérôme Monod et moi-même sommes dans la confidence pour la mise en musique. Une voiture part chercher Laurence. Le chauffeur personnel de Chirac, Jean-Claude Laumond, bien sûr, fait le nécessaire. Chirac est sincèrement volontaire. Il fera tout pour que sa fille aille mieux. Mais les meilleures intentions du monde n'y suffiraient pas.

Après son bac, Laurence entre en fac de médecine. Elle fait son certificat préparatoire à Jussieu. S'ensuivent six années d'études, entrecoupées malheureusement de dépressions. Des études finalement abandonnées. L'origine de son malaise reste intime. Indéchiffrable, si ce n'est par les psychiatres consultés. Inutile d'accabler le père ou la mère trop absents : selon les spécialistes, la détresse de Laurence est ailleurs. J'ai conservé la photo d'une famille heureuse prise rue Boissière en 1974 par Christian Boyer, le photographe de *Jours de France*. Jacques et Bernadette Chirac, tout sourires, aux côtés de leurs deux filles. Plusieurs tentatives de suicide surviennent dans les années quatre-vingt. À la fin de cette décennie, la maladie semble avoir gagné la partie.

En 1990, un télégramme de Michel Roussin avise le maire de Paris, en déplacement officiel au Japon et en Corée, d'une nouvelle tentative. Laurence s'est jetée du troisième étage d'un immeuble, dans le XVe arrondissement de Paris. Elle est vivante, mais grièvement blessée. L'entourage de Chirac constate avec tristesse que le maire de Paris choisit de ne pas revenir. Pas cette fois. Toujours plus lourdement protégée par les médicaments, Laurence sombre un peu plus dans un monde intérieur.

C'est pour toutes ces souffrances, ou plutôt à cause d'elles, que Bernadette Chirac inaugurera, vingt ans plus tard, un hôpital dédié aux adolescents, la Maison de Solène, à Paris. En 1994, quand elle accepte de prendre la présidence de la Fondation des hôpitaux de Paris, elle n'en dit rien. Elle parle de « son attachement pour les malades, pour les enfants ». « Il y a chez mon mari une dimension dont on ne parle jamais. Celle de la souffrance, confie-t-elle au *Figaro madame* en 1995 [1]. La vie ne nous a pas épargnés, nos amis et beaucoup d'autres le savent. » La presse ne dit pas un mot du drame familial. On prétend que la future première dame travaille son image. Qu'elle s'ouvre au social. En 2001, lorsqu'elle évoque le projet de la maison des adolescents financé par l'opération « Pièces jaunes », elle déclare qu'« il faut tout faire pour redonner à ces jeunes le goût de la vie, les sortir du vertige, de l'enfermement dans lequel ils sont ». Elle ajoute : « Dans ma maison

1. *Le Figaro madame*, 8 avril 1995.

des adolescents, les familles ne seront surtout pas tenues à l'écart [1]. » Pas un mot sur sa fille. Ou sur ses difficultés. Questionnée dans *Elle* [2] sur l'établissement, Bernadette Chirac fait une digression : « Le bâtiment se fondra d'ailleurs dans la verdure, car les jardins d'hôpitaux sont souvent très tristes. En parlant avec les petites anorexiques, j'ai compris que la technique qui consiste à les couper du monde et à les forcer à manger est une mauvaise méthode. Cela accroît la souffrance des familles, et celle de la jeune fille qui culpabilise, car elle sent bien que ses parents sont très malheureux. » Les journalistes de *Elle* mettent les pieds dans le plat : « On comprend que c'est votre propre expérience qui vous permet d'élaborer ce formidable projet. D'ailleurs, dans votre livre, vous abordez pour la première fois l'anorexie mentale de votre fille aînée... » Mais Mme Chirac, pudique : « Effectivement, mon expérience personnelle m'a incitée à beaucoup réfléchir aux problèmes des jeunes en difficulté. Ce que j'ai vécu m'a poussée à donner le maximum de mon temps aux enfants hospitalisés et aux adolescents malades... » Les journalistes poursuivent sur la question du « sentiment de culpabilité » des parents. « Comment voulez-vous qu'un père et une mère ne culpabilisent pas devant un enfant anorexique ? L'anorexie n'est pas une maladie organique que l'on sait traiter, elle me fait penser à

1. *Le Point*, 12 janvier 2001.
2. Marie-Françoise Colombani et Catherine Roig, « Bernadette Chirac : "Il ne faut pas me prendre pour sainte Bernadette" », *Elle*, 29 octobre 2001.

ces couleuvres qui se faufilent partout et qu'on ne sait comment attraper. (...) C'est terrible pour une mère de ne pas arriver à tirer son enfant du gouffre. C'est l'instinct maternel qui parle. » Le drame quand même affleure, pudiquement. Vingt ans après le début de la maladie de Laurence, un livre d'entretien avec Patrick de Carolis soulève le voile. « Victime d'une méningite à l'âge de quatorze ans, son aînée demeure à jamais frappée d'anorexie mentale, relève *Gala*. Un refus de la vie qui l'a conduite à une tentative de suicide [1]. »

Mais il était admis qu'on ne parlait ni de Mazarine, la fille cachée de François Mitterrand, ni de Laurence, la fille malade de Chirac, même si les situations ne sont pas comparables. On n'entend pas la moindre indiscrétion. La France a toujours été très pudique.

1. « Le vrai visage d'une première dame », *Gala*, 11 octobre 2001.

4.

La reine fille

Un nouveau drame survient le 5 avril 1993. Le gouvernement Balladur vient d'être formé. Cette nuit-là, le gendre de Chirac, Philippe Haber, journaliste au *Figaro*, époux de Claude, est rentré seul de chez Castel. Il est retrouvé mort au petit matin. Pour nous, c'est l'incompréhension et la stupeur. C'était un jeune homme. Un jeune marié. Il avait épousé Claude Chirac quelques mois plus tôt. Les circonstances de son décès restent confuses. Une omerta compréhensible s'installe dans la chiraquie.

Peu de gens sont informés : le chauffeur, Jean-Claude Laumond, parti s'assurer que rien d'embarrassant ne pourrait être trouvé dans l'appartement. Roussin et Charon qui doivent gérer la communication autour du drame. On n'ose pas parler de suicide. Officiellement, le journaliste est mort d'un mélange de médicaments et d'alcool. Il était aussi fatigué. Mais surtout, il était seul. Et c'était la première difficulté des communicants :

ne pas faire allusion à l'absence de Claude auprès de lui. Elle n'était pas là. Ni avant ni après.

Le couple s'était uni fin 1992. Nicolas Sarkozy était témoin. L'entourage n'avait pas le sentiment que Claude portait un réel et grand amour à son nouveau et jeune mari. La nuit du mariage, Philippe et Claude se seraient partagé leurs cadeaux dans le parking de l'Hôtel de Ville et ne seraient pas partis ensemble. Des gens s'acharnaient pour faire de Claude une fille qui menait une vie explosive. Pour tous, son mariage reste une énigme. Le jeune ménage a éclaté très vite. C'était plus visible probablement parce que c'était la fille de Chirac.

La nuit de la mort d'Haber, plusieurs dépêches AFP tombent. Contradictoires. On évoque un suicide par arme à feu, puis l'absorption de médicaments ayant provoqué un arrêt cardiaque, et enfin une mort naturelle. Le décès s'apparente à un malheureux accident, ce qui est finalement la réalité. J'écarte totalement l'idée qu'il ait pu être assassiné. La mort fait jaser. La thématique est répandue. Les obsèques tombent le jour de la déclaration de politique générale d'Édouard Balladur. Clin d'œil tragique de l'Histoire : Philippe Haber avait écrit dans son journal quelques mois plus tôt qu'il ne fallait absolument pas qu'Édouard Balladur soit nommé Premier ministre. Il s'était d'ailleurs fait taper sur les doigts pour ça. Je soupçonne Chirac de l'avoir poussé à l'écrire pour pouvoir ensuite le désavouer. C'est plus qu'une éventualité. Ceux qui l'ont connu l'ont toujours trouvé très sympathique et ouvert. Ni fragile ni désespéré. Il avait été humilié qu'on le rabroue alors qu'il avait le sentiment d'être entré dans la famille et de pouvoir s'exprimer. Mais Philippe Haber n'était pas dans les secrets de Chirac. Ce qui a pu le désespérer c'est de s'être trompé sur son mariage. Il y a un vrai scénario tragique autour de sa rencontre avec Claude. Il n'y a pas d'enfant. Mais, autour de Chirac, les gens s'interrogent sur la malédiction : une fille aînée malade, une fille cadette un peu excentrique, et, enfin, une mort tragique…

Ce qui brouille le tout, c'est que survient quelques jours plus tard le suicide de l'ancien Premier ministre Pierre Bérégovoy sur lequel toutes sortes de rumeurs ont également circulé. Haber était entré sans le prévoir dans un monde très cruel. Le seul à être plus violent que la politique, c'est le monde des affaires où parfois on assassine vraiment. Le monde du spectacle met en évidence plus de caractères hypersensibles. La politique est au carrefour des deux : une solide carapace est recommandée.

Claude Chirac va se remettre de son veuvage. Elle s'occupera beaucoup de son père et devient même l'un des maillons essentiels de la chaîne de solidarité autour de lui, au moment de la dégradation des relations avec Édouard Balladur. Elle occupe peu à peu le poste de premier conseiller. Ce qui était loin d'être prévisible.

Je me souviens de Claude en 1974, lorsqu'elle a emménagé à Matignon avec sa sœur. Bernadette, leur mère, était encore étudiante en archéologie, en plus d'être la femme du Premier ministre. Je voyais Claude partir au collège Sainte-Marie de Neuilly, escortée par Jean-Claude Laumond, le fidèle chauffeur qui jouait tout à la fois le rôle de grand frère, de tuteur et de garde du corps des filles. Elles avaient deux chiens, Yasmine, un chien de chasse bleu d'Auvergne, et Upsa, le cocker. La famille semblait heureuse. Mais les deux jeunes filles étaient un peu seules, égarées et, en même temps, tenues à une certaine discipline bourgeoise que faisaient régner la mère et la grand-mère. Ce qui fera de Claude par la suite une fille plus réactive, ruant dans les brancards. Elle n'avait pas accès à grand-chose, puisque même lorsqu'il s'agissait de se faire acheter une paire de Kickers à la sortie de l'école, c'était Jean-Claude, le chauffeur, qui s'en chargeait.

En grandissant, Claude s'est tenue à l'écart de nos épopées politiques, de la constitution du RPR, ou même, les années qui ont suivi, de la prise de la mairie de Paris. Des jeunes gens de son âge étaient présents, et si on voyait aussi déjà des enfants de politiques émerger, c'était très marginal. Claude n'était pas du tout intéressée par la politique politicienne. Lorsque la famille s'est installée à l'Hôtel de Ville, j'ai le souvenir d'une jeune fille qui passait. Nous avions des réunions, elle allait se réfugier dans l'appartement de fonction. Elle n'était pas encore dans le chaudron du RPR. En 1981, rue de Tilsitt, au siège de la campagne électorale de Chirac, étant chargé de la cellule « études », j'accueillais beaucoup de jeunes, étudiants, fonctionnaires. Je ne l'ai pas vue.

Claude s'impose en 1983. Après le retour de tout le monde autour de Chirac. Tous les mardis matin, les fidèles venaient : Claude Labbé, Charles Pasqua, Jacques Toubon, Robert Pandraud, Jean Tiberi, Denis Baudouin, Roger Romani... Cela c'était au niveau politique. À un autre niveau, petit à petit, une cuadrilla s'est constituée. Mme Pompidou, vieille dame, mais toujours protégée par le couple Chirac, en faveur de laquelle on me demandait des services. Mme Chirac bien sûr... la femme du maire, épouse du candidat, qui commençait déjà à s'impliquer dans la politique en Corrèze. Une personnalité du monde du spectacle s'invitait aussi : c'était Line Renaud. Et on a vu réapparaître cette petite jeune fille, Claude Chirac, au moment où on disait que sa grande sœur était gravement malade. Du coup, chacun sentait bien qu'il fallait l'accueillir non seulement parce qu'elle était la fille du patron, mais parce que sa sœur était souffrante.

Les préparatifs des européennes de 1984 et des législatives de 1986 ont commencé. Tout cela allait se passer à la proportionnelle voulue par François Mitterrand et Laurent Fabius, dans des conditions qui laissaient présager l'élection de députés du Front national. Dès 1984, Jean-Marie Le Pen avait fait 14 % aux élections européennes et en 1986, il a fait entrer trente-cinq députés à l'Assemblée nationale. Le climat a donc changé. On est entré en période de cohabitation. En mars 1986, *France-Soir magazine* publie quelques photos du nouveau Premier ministre. Chirac avec Jacques Toubon,

Chirac militaire, et Chirac en famille : « Rien de tel pour se détendre qu'un déjeuner avec Bernadette, sa femme, et ses filles Claude, vingt-trois ans, et Laurence, vingt-huit ans[1]. » Claude apparaît de dos, Laurence, de face, baisse les yeux. Chirac demande à Charles Pasqua d'intégrer sa fille Claude dans les équipes. Petit à petit, elle devient partie prenante des dispositifs de communication. À ce moment-là, elle avait eu le projet de partir aux États-Unis, rejoindre des amis de Line Renaud, comme Gregory Peck, en Californie. Mais Chirac détestait l'idée que sa fille puisse s'éloigner de lui. Il était déjà suffisamment attristé et peiné de la maladie de Laurence, il a donc fait tout ce qui était en son pouvoir, et son entourage aussi, pour convaincre Claude de rester auprès de lui. En mars 1986, elle avait posé dans *Elle*, shootée par le photographe américain Bill King. En juin 1987, elle accorde une interview à *Confidences*. « Je ne serais pas capable de me sacrifier comme maman pour un homme », déclare-t-elle. C'est le titre de l'article. On apprend qu'elle a parfois des désaccords – personnels ou politiques – avec son père. Qu'elle s'est sentie en « position inconfortable » en décembre 1986, après la mort de Malik Oussekine. Elle suggère que son père s'habille avec « plus de modernité ». Deux mois plus tard, *Match* publie des clichés de vacances. Appuyée à la rambarde de la terrasse de la Cabana – bungalow

1. « Les Français ont voté : ce sera Chirac », *France-Soir magazine*, 22 mars 1986.

de l'Éden Roc sur la Côte d'Azur, lieu de repos « préféré des stars américaines » –, elle scrute l'horizon maritime, tandis que son père plonge la tête dans ses dossiers [1]. « La fille cadette du chef du gouvernement semble veiller sur son père », commente *Match*. « C'est comme ça que je préfère papa, déclare-t-elle. Bronzé, en jean, mocassins et chemisette, ce style cool et studieux lui convient parfaitement. » Légende de la photo : « Sur la terrasse de son hôtel le Premier ministre travaille auprès d'une conseillère de charme : sa fille. » Claude est d'ailleurs en jean, cheveux courts « à la Madonna », lourdes boucles d'oreilles en anneaux. D'autres photos font apparaître ce que *Match* appelle « la présence quasi constante et réconfortante de la famille » : Claude, Bernadette et Jacques dans des transats ou autour d'une table. Laurence n'est déjà plus de la partie.

Les élections présidentielles de 1988 s'annoncent. Denise Esnous me fait venir à Matignon pour me demander d'intégrer Claude dans l'état-major chargé de préparer les élections. Claude finissait ses études de droit et de sciences politiques à Assas. Elle se joint aux groupes chargés de préparer les meetings. Avec les enfants de Bernard Pons, Yves Mourousi, Julien Le Pers, et des gens du show-biz. Elle ne joue encore aucun rôle stratégique. Elle ne participe pas aux réunions de définition du programme, c'est Alain Juppé qui les pilote. La mise en place du barnum général, c'est Charles

---

1. « Un estivant nommé Chirac », *Paris Match*, 21 août 1987.

Pasqua. L'organisation des militants RPR, c'est Jacques Toubon. Mais dans toutes les réunions élargies aux jeunes, ou dans les initiatives plus branchées, elle vient. Elle commence à ce moment-là à jouer un petit rôle de critique ou d'ouverture auprès de son père. Elle le convainc de faire lever l'interdiction municipale d'un concert de Madonna au parc de Sceaux. Chirac intervient tout spécialement auprès du maire de la ville : Pierre Ringenbach. « J'ai pris papa entre quatre murs et je lui ai fait écouter mes disques – il ne connaissait guère Madonna – en lui disant qu'il risquait de se priver d'un événement musical très important pour la jeunesse, pour Paris et pour la France. Je n'ai rien fait de plus que cela », confie-t-elle au *Quotidien de Paris*[1]. En photo, Claude et Chirac. « Le père et la fille ; ils ne se quittent plus », commente *Le Quotidien*. Dans la foulée, *Podium*, un magazine destiné aux jeunes gens, obtient une photo du Premier ministre assis sur une pelouse, casque de walkman sur les oreilles. Chirac « était dans cet état » lors de l'arrivée des journalistes de *Podium*, un samedi après-midi, à l'Hôtel de Ville... Claude s'occupe aussi de la couverture médiatique d'une réception pendant laquelle Madonna doit remettre un chèque de 500 000 francs à Line Renaud pour sa fondation contre le sida.

Claude commence à fréquenter des jeunes artistes qu'elle présente à son père. C'est un tournant dans la

1. « Plus Chirac fera jeune », *Le Quotidien de Paris*, 29-30 août 1987.

vie de Chirac, à titre privé : c'est la jeune femme en forme qui reste auprès de ses parents, et qui commence à travailler avec et pour son père. Elle n'est pas encore tout à fait une conseillère, mais elle prend peu à peu de l'importance dans les avis ou les conseils qu'elle peut donner au maire de Paris, au Premier ministre, au candidat à la présidence de la République. En réalité, elle est un peu malheureuse durant cette période. Ses parents, qui ont une vision encore passéiste du mariage, lui enjoignent d'épouser tel ou tel. À plusieurs reprises, les discussions se terminent en drame, ou en larmes. Des noms sont murmurés aux oreilles des Chirac. C'est Albert de Monaco, puis le fils de Jean-Claude Decaux, ou encore celui de François Pinault. Bernadette Chirac aurait vu d'un assez bon œil un beau mariage. La petite n'entre pas dans ce moule.

Sans être pour autant de gauche, Claude n'est pas une jeune fille bourgeoise ni aristo classique, comme en produit la rue Boissière ou le VIIe arrondissement. Elle est moderne, impliquée dans la vie parisienne, et dans la nuit. Sans être en révolte par rapport à son milieu familial, il y a des frictions avec sa mère et sa grand-mère Courcel. Claude mène une vie beaucoup trop agitée à leurs yeux. Et le fidèle chauffeur, toujours le même, Jean-Claude Laumond, est chargé de veiller au grain. On l'appelle à la rescousse quand les « afters » se prolongent. On craint les racontars. Claude est une jeune femme de vingt ans attirée, comme tout le monde à cet âge-là, par la fête et la nuit. Il s'agit d'éviter les excès ou le faux pas, et Jean-Claude Laumond, le gardien du temple, n'est pas loin.

En 1990, Chirac, lui, allait devoir dire clairement « je continue ou j'arrête », d'autant plus qu'il se trouvait confronté à un putsch : la trahison de Charles Pasqua et de Philippe Séguin. Durant cette période, il parvient, assez habilement, à utiliser le côté révolté mais plutôt gauche caviar de sa fille, jeune branchée fréquentant les artistes. Claude s'est rapprochée de Nicolas Sarkozy. On les a vus former une espèce de doublette. C'est l'époque où elle cesse d'appeler son père « papa ». Elle l'appelle « Chirac ».

En janvier-février 1990, au moment du congrès du Bourget, quand il s'agit de contrer l'assaut de Charles Pasqua et de Philippe Séguin, Édouard Balladur, Alain Juppé, des gens comme moi soutenons Chirac. Nicolas Sarkozy est très ostensiblement derrière le président du mouvement, lui aussi. Claude est en coulisses. Comme secrétaire général du groupe parlementaire RPR au Sénat, j'ai pu mobiliser soixante sénateurs qui soutenaient initialement Charles Pasqua dans la proportion de deux tiers un tiers en faveur de Chirac. Avec Josselin de Rohan, je suis parvenu à inverser la tendance. À l'époque, Nicolas Sarkozy cherchait à se rapprochei de ce dernier en lui faisant des offres de services. Il était assez fier des contacts qu'il était en train de nouer. Il avait appelé Chirac, devant moi, mettant le haut-parleur, pour lui annoncer qu'il disposait de l'avion de Jean-Claude Decaux pour se rendre à

Wimbledon, et que, par conséquent, il pouvait y inviter Claude. À l'époque il existait une vraie camaraderie entre Sarko, le fils Decaux et Claude. Claude et Nicolas se rapprochent. Mais Claude fréquente aussi, par exemple, l'excellent Vincent Lindon.

Claude apparaît réellement auprès de nous pour la campagne de 1993. Fifille est placée en apprentissage auprès de Lydie Gerbaud, l'attachée de presse de Chirac. Elle est en relation avec les communicants : Brochant, Goudart. Elle se rend aux États-Unis pour approfondir le sujet. Elle participe aux voyages de son père en province, et elle apporte des idées. C'est elle qui a fait installer des « prompteurs » à sa droite et à sa gauche, pour qu'il n'ait plus de papiers à lire. Elle modifie le look de son père. Tout le monde n'apprécie pas. À l'occasion d'un sommet de la francophonie au Québec, elle lui fait porter un blouson. Un spencer de tweed. Le changement est si brutal que ça passe mal. Chirac a l'air loufoque. Elle applique les méthodes de tous les conseillers en communication quand ils reprennent un client. C'est bien, puisque, dans cette période, elle rassure son père. Alors même que son mariage fragile se termine en drame, par la mort de Philippe Haber quelques mois plus tard. Cette disparition est donc un nouveau traumatisme pour Claude, même si elle est désormais complètement lancée dans la vie.

Elle s'impose parmi les conseillers de Chirac. Lui apporte fraîcheur et jeunesse, et même quelques fondamentaux de gauche. Lorsqu'il optera pour creuser la thématique de la fracture sociale, elle appuiera ce choix. Et quand l'analyse d'Emmanuel Todd sera retenue comme axe de la campagne de 1995, il faudra plusieurs personnes, dont Claude et François Baroin, pour le convaincre de parler de la misère, du chômage, de l'urgence d'un Samu social.

À l'automne 1994, Claude était dans une disposition d'esprit, si ce n'est de gauche, du moins de progrès. Je l'ai rencontrée à plusieurs reprises au Bristol et au Flore, à l'heure de la trahison d'Édouard Balladur et de Nicolas Sarkozy. Elle était dans sa génération, très libre, et plus que cela : en avance. Sur tout ce qui allait dans le sens du moderne et du social. À l'opposé des thématiques libérales, madelinistes. Elle déclinait auprès des journalistes une approche gaulliste de gauche, très « rad-soc ». Elle affichait aussi sa liberté, puisqu'elle refera assez vite sa vie en se liant avec le judoka Thierry Rey, dont elle aura un enfant, Martin. Sans se marier. C'est une femme de son époque.

Claude ressemble à son père. Mais il y a plus de paradoxes chez elle que chez ce dernier. Elle adopte un look branché, même si sa préférence penche vers le négligé recherché. Comme son père, elle a soif d'aventures, de connaissances nouvelles. Tout doit changer, bouger. Claude a une forte appétence pour la vie et ses excès, comme devait l'avoir son père à vingt ou trente ans. Mais elle offre néanmoins le profil cassant des Courcel, de sa mère et de sa grand-mère. Ce côté distant et hautain. Un peu classique. Elle peut cumuler les postures branchouilles et franchouillardes. En revanche, elle n'est pas très attirée par les activités du RPR. Le militantisme et le parti ne sont pas sa tasse de thé. Pas plus qu'elle n'est attirée par la Corrèze. Pour elle, les vacances sont à trouver plutôt en Californie ou dans les mers chaudes. Elle n'est pas attirée par la politique politicienne, on la sent uniquement préoccupée par le service de son père. D'ailleurs, à aucun moment elle ne fera comme les autres enfants de présidents de la République, les fils Mitterrand ou Giscard, qui se sont présentés à des élections. Elle n'a jamais demandé d'investiture. Je ne sais même pas si elle a été adhérente du RPR ou de l'UMP. En réalité, elle a dû se promettre d'aider son père jusqu'à l'Élysée, et puis un peu après. Et probablement, en ce moment, a-t-elle envie de s'exiler loin de tout ça.

Globalement, personne ne la connaît vraiment. Elle refuse toute interview. Quelques magazines ont traité un peu de sa vie personnelle et professionnelle. Deux ou trois cerbères la protègent, au premier rang desquels Agathe Samson, que les journalistes surnomment « sans son ni image ». Elle s'est fâchée avec des collaborateurs qu'elle a écartés de l'entourage de son père. Au début, d'ailleurs, cela se passait assez mal avec Dominique de Villepin.

Claude est finalement devenue la conseillère politique de son président de père. Lui, il adore. Tout spécialement ce petit quelque chose de fusionnel entre eux. Certains de ses conseillers disaient : « Il faut que tu écartes ta fille, que tu la montres moins. » Il répondait : « Claude : ce n'est pas négociable. Elle est là. Tel est mon bon plaisir, tel est mon bon vouloir. » À Bernard Pons, il a dit : « Écoute, j'ai déjà perdu ma fille aînée, tu ne vas pas m'emmerder. » Par la suite, elle est devenue la cheftaine. Dès 1994, la complicité père-fille était maximale. Rigolades au téléphone. « T'inquiète pas, Chirac », lui disait Claude. Elle a quelque chose d'un garçon manqué. Au troisième acte, elle est devenue non pas la reine mère, mais la reine fille.

Finalement, Claude n'est pas restée longtemps avec Thierry Rey. Elle habite parfois avec son fils Martin le château de Souzy-la-Briche où se rendaient le week-end Mazarine Pingeot, sa mère et Mitterrand. Cette propriété présidentielle, située dans l'Essonne, est composée d'un manoir du XVe siècle, d'une chapelle gothique, d'un plan d'eau et d'un canal sur 330 hectares de terres. Claude n'est pas pour autant la fille du roi. On ne l'a vue qu'une seule fois en tenue de soirée, lors d'une visite officielle de Chirac à l'étranger. Elle reste généralement en jean et blouson. En apparence, elle est hors jeu, mais en réalité totalement dans le choix et dans le jeu. C'est une situation assez fausse qui met surtout dans l'embarras les courtisans qui gravitent autour de son père. Ils ont une vraie difficulté de positionnement par rapport à elle. Par le passé, elle et sa mère ont parfois été très rudes. Notamment en écartant des collaborateurs proches de Chirac, comme Roussin, Charon ou Lellouche.

On est devant un mécanisme familial. En définitive, quelles que soient leurs divergences de vie et d'analyses, Jacques, Bernadette et Claude se retrouvent tous les matins pour refaire le film et préparer le suivant. Ceux qui les approchent dans l'intimité vous diront tous qu'à ce moment-là, ils se répartissent les rôles. Celui du président un peu autoritaire, mais cool. Et alternativement, Bernadette et Claude prendront le rôle de la méchante ou de la gentille. Bernadette flattera Nicolas Sarkozy, pendant que Claude aura pour tâche de dire aux journalistes que c'est un traître. Dans la même journée. Ils manifestent un triple machiavélisme, ou un machiavélisme en forme de triptyque. Les plus méchants songent à la famille Ceaucescu. Pour les autres, c'est très florentin voire digne des Médicis.

En réalité, c'est dans la nature de Chirac d'être un personnage très complexe. D'utiliser les uns, les autres, y compris sa femme et sa fille. Claude s'y prête parce que l'exercice lui plaît. C'est une femme faite pour les jeux de rôle. Elle est assez stupéfiante. Personnellement, lorsque j'ai repris du service auprès de Chirac en 1994, je l'ai trouvée à la fois cocasse, courageuse, et très semblable à son père, jurant jusqu'au bout qu'il n'y avait pas de fatalité, qu'on pouvait gagner. Il suffisait d'aller chercher les voix avec les dents… Toujours assez directe, comme lui. Elle doit sûrement cela beaucoup plus à sa grand-mère Marie-Louise ou à son grand-père Chirac. Ce côté assez provincial, terre à terre, et terrien finalement, l'a rendue très peu sensible à la bande de courtisans de Chirac. Pas très « intello », mais ne manquant pas de jugement.

Sauf sur un point. Chirac aurait pu dissoudre dès 1995. Claude a fait Sciences-Po mais n'a jamais été candidate. Et Chirac dans cette période était entouré par Villepin et des diplomates qui n'avaient aucune connaissance de la vie politique. Claude les a assez vite jaugés tout en s'employant à faire que la communication de son père ne soit pas trop mauvaise. Avec son mentor Jacques Pilhan, qui avait été communicant de Mitterrand, Claude a été – presque autant que Dominique de Villepin – à l'origine de la dissolution de 1997. Le conseiller diplomatique de Chirac, Maurice Gourdault-Montagne, à l'époque directeur de cabinet d'Alain Juppé, croyait que nous allions gagner avec cent quatre-vingts sièges d'avance. Et l'on a perdu avec soixante sièges de retard. On peut reprocher à Claude Chirac d'avoir cuit sa petite soupe dans son coin avec Jacques Pilhan. On dit toujours que la dissolution a été décidée par Villepin : c'est l'exacte vérité et c'est d'ailleurs pour cette raison que Bernadette l'appellera Néron, l'empereur qui jouit à la vision de Rome en flammes. Mais Claude Chirac a été très irresponsable. Elle fait les choses par à-coups. Elle a un côté chat braqué, imprévisible. Charles Pasqua m'avait fait remarquer qu'on pouvait être « sûr qu'elle était la fille de son père et de sa mère ». « Quand elle a une idée dans la tête, elle ne l'a pas ailleurs. » C'était dit avec affection. Mais Charles Pasqua n'aimait pas beaucoup le manque de respect vis-à-vis de sa mère que Claude avait affiché devant nous.

Claude parvient à rester finalement très mystérieuse. On lui a prêté un nouveau grand amour au Maroc. Des velléités d'installation en Californie. Une vie encore assez agitée. La seule chose qu'on ne lui prête pas, parce qu'on ne la voit pas, c'est une vie normale et heureuse avec un homme identifié. Quand des fêtes élyséennes sont organisées, alors qu'elle se charge de la communication de ces événements, elle n'est pas au premier, ni au troisième ou quatrième rang. Par contre, elle tire les ficelles. Elle a vue sur tout : la préparation des voyages, les invités, les discours. La maîtresse femme, c'est elle. La vraie question que Paris se pose au sujet de Claude, c'est : « A-t-elle quelque chose à cacher ? » Ce dont on est sûr c'est qu'elle est obsédée par la réussite de Chirac.

Chez Claude Chirac, on trouve le même paradoxe que chez son père : une effervescence, un bouillonnement associés à une stabilité et à un classicisme. La rencontre entre Claude et son père, c'est celle de deux adolescents éternels. Ainsi, peut-être, peut-on expliquer la difficile cohabitation entre Claude Chirac et sa mère.

5.

Le scénario de l'adoption

Les « boat people » faisaient la une des journaux. Et les réfugiés arrivaient en masse, accueillis sur instructions de Valéry Giscard d'Estaing. Chirac était donc allé à l'aéroport, en tant que maire de Paris. À l'époque Denis Baudouin était le chargé de communication de la Ville de Paris, mais je n'ai pas su qui avait lancé l'idée d'accueillir un groupe à l'aéroport. Sur place, Chirac aperçoit une jeune fille d'une vingtaine d'années, fragile. Il va vers elle. Anh Dao fond en larmes. Et il l'emmène. C'est toujours comme ça avec lui : d'abord un geste spontané, qui vient du cœur, mais bien sûr des photographes sont là… Cela devient de la « com ». On a dit qu'Anh Dao n'avait que seize ans, elle en avait en réalité vingt-deux. On disait aussi que les Chirac avaient adopté la jeune fille, et on croyait ses parents morts, alors qu'il n'en était rien. Anh Dao s'était intégrée dans la famille, dans un certain sens. Vu de l'extérieur, elle semblait l'une des trois enfants. En réalité, sa présence n'a pas été la bienvenue ni vraiment appréciée par Bernadette Chirac, qui a fini par exiger son départ, en 1982. Chirac s'est mobilisé pour la faire engager au service du courrier de la mairie, puis au service des relations internationales. En 1995, *Paris Match* évoque l'épisode. « Ses collaborateurs [de Chirac, *N.d.A.*], mi-émus, mi-amusés, racontent ainsi qu'il leur a fallu des années pour découvrir un jour, médusés, que le maire de Paris avait adopté, en 1979, une jeune réfugiée vietnamienne, Anh Dao, qu'il a plus tard lui-même mariée à l'Hôtel de Ville[1]. »

Dix ans plus tard, en plein mois d'août 2004, Anh Dao réapparaît dans *Le Parisien*, elle est à nouveau un sujet de curiosité. Elle aurait été débusquée « par hasard » par un journaliste, avec son nouveau mari, un gendarme ayant travaillé à l'Élysée.

L'avantage de Claude Chirac sur Jacques Pilhan, c'est qu'elle n'a pas de complexes. Montrer que Chirac a adopté Anh Dao en pleine polémique sur l'immigration ne manque pas d'audace. L'adoption s'entend entre guillemets, puisque les parents biologiques sont vivants. Anh Dao n'était pas orpheline. Elle a d'ailleurs fait venir ses véritables parents en France en 2002. Après l'interview donnée au *Parisien*, un livre est publié. Un vrai coup de communication, bien monté. Ça touche les cœurs. C'est people. Le gendarme est invité avec Anh Dao sur les plateaux de télévision. On l'entend parler

1. *Paris Match*, 30 mars 1995.

de Chirac et de sa maman, Mme Chirac, qui pourtant n'est venue à aucun de ses mariages.

Selon Raymond Barre, Chirac est un chevalier de l'opportunisme, c'est sûrement vrai. Mais le terme qui lui colle à la peau, c'est l'utilitarisme. L'affaire Anh Dao en est un bon exemple. Cela faisait à chaque fois des photos people, très politiques. Ce n'est pas de la bibliothèque rose, c'est du vrai marketing politique. Exécuté, grâce à des longs fils de marionnettiste, par Claude et Maurice Ulrich, roi de cœur de la francophonie. La fille de cœur de Chirac, c'est ce qui s'appelle un chaleureux argument électoral.

6.

Du château au palais

Quand j'ai connu les Chirac, ils habitaient un petit appartement du XVIe arrondissement de Paris. Le 57, rue Boissière était une adresse classique pour un ministre. Dans ce quatre-cinq pièces meublé en Louis XV, Chirac était sûrement à l'étroit, avec Bernadette et ses deux filles. Le grand monde lui était encore inconnu. En été, quand les ministres du président Pompidou prenaient leurs vacances à Saint-Tropez, Chirac, costume trois-pièces et lunettes d'écaille, s'en allait plutôt en Corrèze. Pas n'importe où quand même : à Sarran, au château de Bity. « Château Chirac », écrivaient les journaux satiriques dans les années soixante-dix, en référence à cette propriété que Jacques et Bernadette Chirac ont acquise en 1969. Le président Pompidou, parrain de Chirac en politique, n'avait pas trouvé cet achat très judicieux… « Quand on veut faire de la politique, il ne faut pas avoir de château… sauf s'il est dans la famille au moins depuis Louis XV », avait-il commenté, sarcastique. Dans sa famille, Chirac n'avait qu'une petite maison à Sainte-Féréole, dont il est d'ailleurs resté propriétaire. Construit au XVIe siècle, le château de Bity a plus d'allure ; trois étages, des dépendances, et un jardin, sans compter 10 hectares de parc. Il a coûté aux Chirac 200 000 francs à l'époque. Mais surtout, il a été rénové grâce à une subvention des monuments historiques. Et Chirac, alors secrétaire d'État au Budget, avait obtenu le classement du château quelques jours après l'avoir acheté. Fâcheux... mais sans conséquences. Cette propriété a été évaluée à 1,2 million de francs seulement dans la déclaration de patrimoine du nouveau président de la République, en 1995. En 2002, son évaluation était portée au double : 365 878 euros (2,4 millions de francs), mais elle était de l'avis général encore largement sous-estimée [1].

En juillet 1972, changement de statut. Sans avoir siégé une seule fois à l'Assemblée nationale, c'est déjà un ministre établi. Chirac est nommé à l'Agriculture, et il emménage pour la première fois dans un logement de fonction, rue de Varenne, dans l'hôtel de Villeroi. Un an plus tard, en 1973, devenu ministre de l'Intérieur, il s'installe place Beauvau. En mai 1974, il emménage à l'hôtel Matignon. Les lieux sont rarement occupés par les Premiers ministres qui les trouvent souvent trop petits. Pas Chirac. Il va y habiter à temps plein jusqu'en

1. Selon des spécialistes interrogés par la revue *Capital*, en décembre 2001, la propriété de Bity vaudrait entre 600 000 et 750 000 euros.

août 1976. L'endroit est rafraîchi à la demande de Bernadette, qui obtient un bureau pour elle et la remise en état de neuf tapisseries.

À quarante-deux ans, le Premier ministre aime le luxe. Chacun le constate. Il envoie le chauffeur lui acheter des boutons de manchettes ou ses chemises faites sur mesure chez Charvet, rue de Castiglione. Il affectionne tout particulièrement les stylos Montblanc ou le grand Waterman. À cette époque, l'argent coule à flots, et en liquide. C'est Jean-Pierre Delpont, le chef de cabinet de Matignon, qui gère les « fonds secrets ». Il deviendra préfet de Corrèze en 1976. On se presse dans son bureau. Alexandre Sanguinetti, secrétaire général de l'UDR, l'ancêtre du RPR, vient y chercher de quoi faire fonctionner le mouvement. Conseillers politiques, porte-flingues, intendants ou simples fonctionnaires y récupèrent aussi leurs primes sous enveloppe.

La communication politique en est à ses balbutiements. J'installe un magnétoscope Ampex et un caméscope VHS dans la chambre de Chirac, au premier étage de Matignon. À côté de son grand bureau, on rejoint, par le petit salon, le corridor qui conduit à l'appartement privé. Le président de la République Valéry Giscard d'Estaing avait lui aussi fait l'acquisition d'un magnétoscope pour visionner les journaux télévisés, après leur diffusion le soir. Chirac, jean et chemise Lacoste rouge, me rejoint. Il s'assure qu'il peut se filmer lui-même. Il veut préparer sa sortie. C'est l'annonce de sa démission. Après avoir quitté Matignon, au mois d'août 1976, la famille Chirac s'en retourne vivre rue Boissière, jusqu'aux élections municipales. Entre-temps, on se prépare à fonder le RPR – ce sera fait le 5 décembre 1976 – et des bureaux nous sont prêtés 6, place du Palais-Bourbon. Le carrelage devant la porte dessine des croix gammées ! Jérôme Monod fera vite mettre des paillassons pour les cacher. L'entrée est gardée par un policier corse, le bon Charles Mattei. Les deux secrétaires, Denise Esnous et Josette Hirigoyen, s'y installent. À la création du RPR, dont Jérôme Monod est devenu le secrétaire général et Yves Guéna le conseiller politique, nous récupérons d'autres locaux, au 32e étage de la tour Montparnasse, pour préparer les futures échéances. Valéry Giscard d'Estaing promet que Paris sera le Vietnam de Chirac. Il soutient la candidature de Michel d'Ornano, qui sera écrasé.

La victoire aux municipales de Paris, en 1977, apporte un vrai changement pour la famille Chirac. L'Hôtel de Ville est un palais. Il offre à Chirac un décorum presque identique à celui de Giscard à l'Élysée. On l'appelle « Monsieur le maire ». Et Bernadette Chirac devient la reine du palais. Deux ou trois mois de travaux sont nécessaires. « Bernadette agrandit de 225 mètres carrés un appart qui en faisait déjà 1 220 en édifiant à l'entresol de nouvelles chambres d'amis, résumera *Le Canard enchaîné*[1]. L'ensemble est bien entendu meublé en puisant dans les fonds municipaux ou en pio-

1. *Les Dossiers du Canard enchaîné*, juillet 2005.

chant dans les musées de la Ville. Une demi-douzaine de salles de bains sont également aménagées. Quant aux nouvelles cuisines, immenses, elles occupent l'espace d'une dizaine de pièces. » On est assez éloigné de l'abbé Pierre.

Dans la grande galerie, on peut tenir à deux cents à table. Un salon offre une très belle vue sur la Seine. Dans le deuxième grand salon est installé le cheval d'Iran, une sculpture offerte par le shah au Premier ministre. Les cheminées sont grandes, les canapés profonds. Des bouquets de fleurs agrémentent toutes les pièces, y compris les deux salles à manger. L'un des salons communique avec le rez-de-jardin où Mme Chirac fera installer des serres. La famille s'installe du côté du petit parc qui longe la Seine.

Le bureau du maire fait 300 mètres carrés à lui seul. Et on comprend qu'avec de telles responsabilités et de telles facilités, Chirac vienne moins au RPR. Son bureau au siège du parti devient un no man's land qu'il réserve aux réunions politiques discrètes quand il ne voit pas Juillet et Garaud quai Anatole-France.

La chiraquie prend ses quartiers à l'Hôtel de Ville. Alain Juppé devient conseiller technique aux finances. En réalité, c'est la plume, le nègre de Chirac : il écrit ses discours. Jacques Toubon, délégué aux élections au RPR, devient chargé de mission au cabinet de Chirac. Le maire commence les embauches de Corréziens. On élève les premières passerelles entre l'Hôtel de Ville et le RPR. Tout est encore autorisé, ou presque. Les embauches, l'attribution des marchés à certains grands amis, tels Bouygues ou Decaux, et l'utilisation internationale de la Ville de Paris comme porte-drapeau. Jean Tiberi s'avère l'adjoint indispensable. Chirac s'est fait élire dans le Ve arrondissement grâce à lui. On a bâti sa légende parisienne dans ce quartier, à partir de sa naissance à la clinique Geoffroy-Saint-Hilaire. Chirac a labouré, comme en Corrèze, toutes les rues commerçantes du Ve, accompagné de Jean et de Xavière Tiberi.

Comme maire de Paris, il inaugure la multicasquette : député de Corrèze, président du conseil général à Tulle, président du RPR et, en tant que maire de Paris, président du conseil général de Paris. À quarante-quatre ans, il a une santé de fer et une baraka d'enfer.

En 1986, on verra le couple Chirac photographié par *Le Figaro* sous l'un des immenses lustres de l'un des salons de l'Hôtel de Ville. « Ils préfèrent habiter l'Hôtel de Ville que Matignon, révèle le magazine. Au cours de cette campagne harassante, Jacques Chirac n'a pas eu de soutien plus fidèle et plus actif que celui de sa femme Bernadette. Celle-ci n'a cessé de le répéter : elle n'est guère enchantée à l'idée de s'installer à l'hôtel Matignon qu'elle trouve moins fonctionnel que les appartements privés de l'Hôtel de Ville. "Ce serait tellement plus agréable d'habiter chez soi", soupire Bernadette[1]. » On

---

1. « Ce que souhaite faire demain Jacques Chirac », *Le Figaro*, 22 mars 1986.

note six bouquets de fleurs autour d'eux. Trois canapés. Des vases chinois. Et une tapisserie au mur. Bernadette pose sa main sur le bras de Chirac…

En vingt ans, le jeune ménage est devenu, du moins pour la presse people, un couple princier.

7.

La vengeance de la tortue

Jean et Xavière Tiberi me l'ont confié un jour : un soir, en 1982, Bernadette Chirac s'est précipitée chez eux, en pleine nuit, vers trois heures du matin. En larmes. Le trench-coat trempé. L'épouse du maire de Paris avait peu de vrais amis à qui se confier. Elle leur a livré sa solitude. « Je ne sais plus où est mon mari… », leur souffle-t-elle. Xavière lui fait prendre un bain, lui prête une chemise de nuit et la fait dormir chez eux, place du Panthéon. Bernadette Chirac est repartie le lendemain matin réconfortée par Xavière.

Le sujet est tabou. Bernadette y attache beaucoup d'importance. On se pince en lisant le rectificatif qu'elle fait paraître dans *Le Monde*[1] peu après l'élection présidentielle de 1995 : « Dans son édition du 10 mai, *Le Monde* a publié à la une un article consacré à Bernadette Chirac, construit à partir de déclarations,

1. *Le Monde*, 11 mai 1995.

anciennes ou récentes, de l'épouse du président de la République élu. Sur la foi d'une dépêche de l'AFP du 8 mai, nous avons reproduit des propos de Mme Chirac concernant sa vie privée, qui sont erronés et qui constituent un contresens. Interrogée par RTL, lundi 8 mai, sur le risque qu'elle courait de “perdre un peu” son mari parce qu'il va être très occupé, Mme Chirac a répondu : “Il y a longtemps que je l'ai perdu. Avec les responsabilités multiples qu'il assume, vous savez parfaitement, il y a fort longtemps, depuis qu'il est entré en politique, que sa vie privée est restée relativement restreinte”, et non pas “notre vie privée est restée relativement restreinte” comme l'indiquait l'Agence France Presse. La nuance ne va pas de soi, et pourtant elle est énorme. “Sa vie privée restreinte” signale la démesure de la vie professionnelle du nouveau président. “Notre vie privée restreinte” marque la réalité d'un couple qui ne se rencontre plus beaucoup. La fin de la phrase reste inchangée : “J'attends maintenant entre nous un dialogue très franc et très authentique, comme il en existe dans un couple normal.” »

Bernadette est une fille de la bonne société provinciale. Forcément bien élevée. Son père dirige une entreprise d'émaux et de porcelaine, à Gien et Briare. Les Chodron de Courcel n'appartiennent pas à la haute noblesse, mais la famille compte une lignée de diplomates. Un contrôleur général des domaines du prince de Condé au XVIIIe siècle. Un secrétaire de Talleyrand.

Plus récemment, un ambassadeur compagnon du général de Gaulle en 1940. Ses photos d'enfance la montrent en compagnie d'une bonne sœur à quatre ans, en communiante à douze ans. Elle passe son bac à l'école normale catholique de la rue Blomet, dans le XVe arrondissement de Paris. Lorsqu'elle arrive à Sciences-Po, cette jeune fille de bonne éducation provinciale est un peu classique et réservée. Ce qui n'empêche pas l'orgueil et la prétention. Elle n'est jamais sotte. Elle comprend que certaines situations la dépassent. Fière, elle est lente et observatrice. Au bout de quarante ans, il faut reconnaître que c'est elle qui a gagné contre tous. Mais quand elle s'inscrit à Sciences-Po, elle va aussi y chercher un mari. L'atmosphère de la rue Saint-Guillaume est très BCBG. Au vestiaire, des dames en blouse bleue prennent votre manteau. Les étudiants un peu bohèmes et existentialistes fréquentent Saint-Germain, et les caves. Bernadette court plutôt les « rallyes » du XVIe arrondissement, pour y fréquenter les enfants de la haute bourgeoisie.

C'est à Sciences-Po que Marie-Thérèse Mitry de Wendel rencontre Jean François-Poncet, c'est là que d'autres rencontrent l'âme sœur. Qui sait, Chirac aurait pu épouser Marie-Thérèse, dont la famille était beaucoup plus en vue et aristocratique. Mais il a choisi Bernadette Chodron de Courcel. Une gentille jeune fille d'apparence un peu godiche. Embarrassée par son « épouvantable timidité ». Lui, c'est plutôt le beau gosse, la clope au bec. Gregory Peck. Relax, comme les jeunes de l'époque. Il vend *L'Huma*, fréquente Rocard et le PSU, papillonne avec les bourgeoises. C'est un étudiant de Sciences-Po plus atypique que BCBG. Il l'aborde à la bibliothèque. Il est beau, dynamique, enthousiasmant. D'après ce qu'elle m'a dit plus tard, elle le trouvait irrésistible. Pour lui, c'est un virage dans sa vie. Il était plutôt un étudiant moyen, un peu glandeur, avant de la rencontrer. C'est le portrait qu'en a fait Rocard. Il devient bosseur. Un « polar », bachoteur. Bernadette est devenue une sorte de secrétaire du groupe de travail composé des copains étudiants de Chirac : Jacques Friedmann, Bernard Stasi... Elle leur fait des fiches de lecture. « Je vidais les cendriers de tous ces messieurs », a-t-elle raconté, comme une jeune fille qui se tiendrait encore un peu à l'écart des groupes de garçons. Elle jouait les servantes avec un grand « S ».

Et puis c'est l'accélération, le mariage. Il part en Algérie comme sous-lieutenant juste après. Il se marie en uniforme et le lendemain, il s'en va. C'est assez dur pour elle. À ses yeux, c'était le grand amour. Elle avait eu le coup de foudre pour Chirac, alors qu'elle pouvait espérer, pour parler en termes balzaciens, un meilleur parti. Il fait son stage de l'ENA en Algérie sous les ordres du préfet Jacques Pélissier puis son temps militaire à la tête d'un escadron. Déjà caméléon, l'ex-pacifiste parisien devient quasiment « Algérie française ». Bernadette lui rend visite en Algérie, ce qui n'est pas à la portée de toutes les femmes de militaires, loin s'en faut. Sur une photo de l'époque, on la voit à ses côtés, lui en uniforme, souriant jusqu'aux oreilles, elle, vêtue d'une gabardine noire fermée jusqu'au cou, presque veuve, un collier de perles dépassant maladroitement du manteau. L'un des deux ne semble pas à sa place, mais lequel ?

De retour à Paris, Chirac entre par la petite porte dans l'administration, à l'Inspection générale de l'aviation civile. Nommé conseiller à Matignon en 1963 sur la suggestion de M. Bujard, il est très vite repéré pour sa rapidité dans la gestion des dossiers. « Lorsqu'il m'a annoncé son choix, à la demande de Georges Pompidou, j'ai bien vu qu'il allait m'échapper peu à peu. Je me suis beaucoup interrogée. Mais j'ai très vite compris que la meilleure solution c'était de l'accompagner sur son chemin[1]. » Bernadette fait ses débuts de mère de famille, s'occupant de ses filles Laurence et Claude, nées en 1958 et 1962. Chirac courtise Pompidou. Se rend indispensable, comme le sont les rats de cabinet. Il dispense déjà plus de temps au cabinet du Premier ministre, à la politique, à Dassault, aux avions, au transport, à l'équipement de la France qu'à sa femme et ses enfants. Physiquement, son allure évolue aussi. Il se prépare déjà à entrer en politique. Au parachutage en Corrèze. Avec les autres, Pierre Mazeaud à Limoges, Jean-Pierre Danaud à Cahors, Jean Charbonnel à Brive, Bernard Pons à Figeac et lui à Tulle.

---

1. « Bernadette Chirac, une femme déterminée », *Valeurs actuelles*, 14 avril 1995.

Bernadette, elle, n'apparaît presque pas. Si elle l'accompagne dans les soirées parisiennes, elle est pratiquement absente du combat électoral. Dès 1967, il est élu député et se voit propulsé tout de suite secrétaire d'État. La vie de Bernadette va changer. Une femme de jeune ministre a sa place dans le monde. Elle se voit invitée avec le Tout-Paris aux premières de l'Opéra, de la Comédie-Française, aux réceptions officielles, à l'Élysée, au Quai d'Orsay, sans oublier les mariages, les enterrements, les baptêmes. Chirac s'introduit dans le lot de ceux qui comptent, il s'installe un peu plus dans le cercle de Pompidou. Chirac sort encore Bernadette. Mais il est peu à peu happé par cette vie de fou que le destin réserve aux hommes politiques. Plus tard, ce sera le ministère de l'Agriculture, les marathons de Bruxelles. Le week-end, il repart en Corrèze pour labourer sa circonscription.

À l'époque, Bernadette n'a aucune appétence pour cette région. Elle met très longtemps à y apparaître. À Matignon, elle va rester effacée, intimidée, pas tout à fait lookée comme il faut. Mais on sent qu'elle en veut. On la voit apparaître dans quelques voyages – en Inde, au Japon, en Irak – comme l'épouse du Premier ministre. Malgré l'hostilité de Marie-France Garaud et grâce à son éducation et à sa culture, elle va prouver aux uns et aux autres qu'elle sait tenir son rang. Mais rien ne dépasse. C'est une femme raisonnable. Point fixe pour son mari. Elle ravale ses peines, ses douleurs et ses joies. C'est l'élève de sa mère qui, d'ailleurs, a elle aussi été invitée aux voyages officiels. En ces occasions, j'ai plusieurs fois reçu l'instruction de Chirac de soigner sa belle-mère. Il la craignait un peu. Mme de Courcel lui avait dit : « Vous savez, Jacques, vous ne méritez pas ma fille. » Jusqu'à sa mort, cette femme sera présente en toute occasion. Un peu comme Roger Hanin était admis dans le sillage de Mitterrand.

Après 1977, Bernadette s'offre une première vengeance en devenant l'épouse du maire de Paris et, *de facto*, la maîtresse du palais. Elle parvient à éconduire Marie-France Garaud, la conseillère fétiche de son mari, dite la Tigresse. « Ces gens-là s'en iront. Ou bien c'est moi qui partirai », avait-elle averti, à propos de Pierre Juillet et de Marie-France Garaud. Dans *Elle*, Bernadette revendique d'avoir eu la tête de la Tigresse. Marie-France Garaud est « une femme très intelligente », assure-t-elle, mais « qui a beaucoup de mépris pour les gens ». « Elle les utilise et puis elle les jette. Moi elle me prenait pour une parfaite imbécile. Son tort a été de ne pas assez se méfier de moi. On ne se méfie jamais assez des bonnes femmes. Ni, surtout, des femmes effacées. » Chirac lui-même est prévenu : « J'en ai ras le bol d'être dans son ombre...[1] », déclare-t-elle à l'hebdomadaire.

Curieusement, Bernadette n'ose une carrière d'élue locale en Corrèze qu'après le dramatique accident de voiture de son mari. Dans un virage dangereux, près du château de Bity, la voiture de Chirac quitte la chaussée,

1. *Elle*, 17 septembre 1979.

le 26 novembre 1978. Le maire de Paris va rester hospitalisé plusieurs semaines à l'hôpital Cochin, d'où il lancera un fameux appel contre « le parti de l'étranger » à propos des élections européennes qui approchaient. Il mettra plus d'un an à se remettre des séquelles de l'accident. C'est le moment choisi par Bernadette pour se faire élire conseillère générale de Corrèze, en remplacement du Dr Henri Benassy, en mars 1979, dans le canton de Meymac. Ce médecin radical avait mis le pied à l'étrier de Chirac en 1967. Les candidats à son remplacement ne manquaient pas. Pour Bernadette c'est un moyen de réintégrer la caravane de son mari. La Corrèze était jusqu'alors son domaine réservé. Elle va réussir à devenir peu à peu un personnage incontournable. Sa mère l'accompagne dans sa campagne électorale.

Pour le Corrézien de base, Bernadette est la femme du maire de Paris. Elle servira de relais local au système chiraquien pendant une quinzaine d'années. L'allégeance est son programme. « C'est un chef, il faut obéir et exister. C'est mon dilemme[1] », dit-elle dans la salle des fêtes de Sarran, en 1992. Et Chirac, venu la soutenir : « Ma femme est très sérieuse dans ses fonctions de conseiller général. Elle a toujours une grosse serviette bourrée de documents. » Elle : « Quand le wagon est fortement accroché à la locomotive, même s'il est une tortue, il

1. « La nouvelle campagne de Bernadette en chiraquie », *Le Quotidien de Paris*, 18 mars 1992.

s'adapte. » En mars 1995, en pleine campagne présidentielle, Chirac accompagne Bernadette au conseil municipal de Sarran, dont elle est une élue depuis 1971. *Paris Match* rapporte l'épisode. Sur un cliché, le maire, Michel Poincheval, apparaît aux côtés de Jacques et Bernadette se faisant signe derrière son dos. « Le maire de Paris a promis à son homologue corrézien des crédits pour acheter une grange, une faucheuse et un fax », écrit *Match*. C'est fantastique. Allez savoir sur quelle ligne de budget il imagine pouvoir faire ces dons à Sarran…

En mars 1995, *Le Monde* publie en revanche, en pleine campagne, un dossier fourni par le cabinet de Nicolas Sarkozy sur une vente de terrains détenus en indivision par la famille Chodron de Courcel au Port autonome de Paris[1]. La plus-value encaissée par le couple (1,4 million de francs) figure dans la déclaration de patrimoine rendue publique par Chirac. Un promoteur s'est servi au passage. Rien d'irrégulier. Dans *Valeurs actuelles*, Bernadette dénonce « la bassesse » : « Ce que l'on cherche à faire, créer le trouble, instiller le doute dans l'esprit des gens, relève de la plus totale bassesse. »

Mais par certains côtés, Bernadette est restée bloquée au XIXe siècle. Bien des années plus tard, elle a trouvé inacceptable que Jean-Claude Laumond, le chauffeur de son mari, épouse la fille du Dr Benassy, Armelle. Ce

1. « M. et Mme Chirac ont tiré profit d'une vente de terrains au Port de Paris », *Le Monde*, 22 mars 1995.

mariage n'a choqué personne en Corrèze, hormis Bernadette. Comme quoi Mme Chirac veut bien toucher la main du paysan mais elle s'imagine supérieure à lui. Benassy était pourtant le médecin des pauvres, le conseiller général franc-maçon, un homme clé dans la chiraquie corrézienne.

Bernadette a ainsi souvent coupé des têtes pour des raisons « morales » plus ou moins justifiées. Un collaborateur de son mari jugé trop cavaleur. Une femme gardien de la paix affectée à l'Élysée qui chahutait pendant ses heures de garde. Les exemples ne manquent pas. Elle se comporte en épouse acariâtre. À moins que ce ne soit sa culture « catho tradi » ? « J'ai reçu une éducation religieuse très stricte, confie-t-elle au *Figaro*. Je suis une catholique pratiquante et je n'ignore pas que cela m'a beaucoup aidée dans les moments difficiles de notre vie[1]. »

En 1997, l'abbé Philippe Laguérie qui préparait les « vingt-cinq ans de la restauration du culte catholique » à Saint-Nicolas-du-Chardonnet avait rendu public un message de Bernadette Chirac regrettant de ne pouvoir venir au déjeuner et autres célébrations prévues par l'église. Selon l'abbé, Mme Chirac avait assisté à plusieurs célébrations dans l'église occupée illégalement depuis 1977 par les troupes intégristes qui se revendiquaient de Mgr Lefebvre[2]. En mai 1994, on l'avait vu suivre Mgr Brunon, ancien évêque de Tulle, au pèleri-

1. *Le Figaro magazine*, 14 avril 1995.
2. *Le Monde*, 4 mars 1997.

nage célébrant le 150e anniversaire de l'évangélisation de la Nouvelle-Calédonie, en présence du légat pontifical et d'une vingtaine d'évêques et de cardinaux, notamment Mgr Lustiger. Tradition… et fidélité.

Au mois d'août 1995, Bernadette s'installe victorieusement à l'Élysée. La « maîtresse de maison la plus convoitée de France » fait visiter à *Paris Match* le palais de l'Élysée [1]. On la voit dans le jardin, posant à côté de Maskou, le labrador de Claude, puis ouvrant le « salon des portraits », sa table de travail, dans l'ancien bureau de Danielle Mitterrand, penchée sur un parapheur bien rempli, devant deux petites tortues. Chirac l'a surnommée la tortue. Elle traîne si souvent la patte à côté de lui, toujours sous pression. Et elle a accepté le surnom. Chirac a vite pris l'habitude de lui offrir des tortues, en bois, en pierre, en bronze, en bijoux, en statuettes. Elle pose en dame patronnesse des années soixante-dix. Plastronne. Passe en revue. On la voit devant les cuisiniers. Puis les jardiniers. Et même à la crèche.

Aussitôt arrivés à l'Élysée, les Chirac ont réfléchi aux travaux nécessaires à leur installation. Dans Paris, la rumeur de « grands travaux » a même circulé. « C'est faux, a rectifié Bernadette dans *Le Figaro*. Nous allons nous installer trois petites pièces sous les combles et puis voilà[2]. » En réalité, le nouveau couple présidentiel a bien fait réaménager les appartements dits du roi de

1. « Bernadette nous ouvre l'Élysée », *Paris Match*, 10 août 1995.
2. *Le Figaro*, 8 juin 1995.

Rome par l'architecte argentin Alberto Pinto [1]. En sus de l'appartement privé du président – 400 mètres carrés, situés dans l'aile est du palais de l'Élysée.

Petit à petit, Bernadette passe du rôle de figurante au second rôle. Elle transmet des messages politiques. Distribuant bons et mauvais points. « On commence à s'intéresser à moi parce qu'on se dit, dans le fond, cette dame a peut-être quelque chose à dire. Ce n'est pas complètement un ectoplasme [2] », déclare-t-elle à Anne Fulda du *Figaro*. « Lorsqu'ils sont dans la même pièce, ils peuvent donner l'impression de se connaître à peine, juge la journaliste. Jacques Chirac qui tutoie la terre entière vouvoie sa femme. Lui, si direct et chaleureux avec de parfaits inconnus, n'est plus que réserve. »

En octobre 2001, à quelques mois des présidentielles, Bernadette profite de la sortie de son livre d'entretiens avec Patrick de Carolis pour annoncer la candidature de Chirac. « Tout bien pesé, je souhaite qu'il se représente. Je crois que c'est une question de devoir. Parce que je ne vois personne d'autre pour porter les idées, les convictions qui sont celles d'un grand nombre de Français. » « Ce qui me réjouit, c'est qu'il ait toujours ce goût de la bataille. » Elle a récidivé en novembre 2006, dans une interview au *Nouvel Observateur*. Elle souhaitait alors que son mari rempile, « la messe n'est pas dite », a-t-elle précisé à la journaliste Carole Barjon.

1. *Les Dossiers du Canard enchaîné*, juillet 2005.
2. *Le Figaro*, 14 juin 1996.

8.

Le ramassage des placets

C'est le b.a.-ba du système Chirac. Les gens le savaient bien, et lançaient souvent lorsqu'il y avait un problème : « Tu n'as qu'à demander à Chirac ! » Le maire de Paris traitait tous les dossiers. Les demandes de places – les « placets » – reçues par courrier et celles glanées lors des week-ends en Corrèze. Dans les quarante-huit heures au maximum, une lettre partait, en forme d'accusé de réception. « Cher ami, j'ai pris bonne note de votre demande et j'ai transmis... » Si possible, on appelait les gens par leur prénom. Les placets étaient traités par Maurice Uriot. Un vieux grognard qu'on ne voyait pas beaucoup. Tourmenté par des crises de goutte, il marchait avec une canne. Les courriers qu'il préparait rejoignaient le parapheur, et puis Chirac corrigeait, réécrivait. Le dossier était aussitôt examiné et transmis. La priorité, bien sûr, c'étaient les Corréziens.

À la mairie, Maurice Uriot occupait le bureau 355 et dépendait directement du maire. Depuis longtemps.

Il avait connu Chirac en 1966, et ne l'avait plus quitté à partir de 1967. Détaché de l'administration des impôts, il était particulièrement affûté sur les contentieux avec le fisc. Il avait donc suivi Chirac dans ses différents postes ministériels jusqu'à Matignon. Il était logique qu'il atterrisse à la mairie de Paris, en 1977.

En 2001, Maurice Uriot a quatre-vingts ans lorsque la police l'interroge sur la nature de son emploi, dans l'affaire des chargés de mission de la Ville. Il n'a pas gardé d'archives ni de souvenir précis de ses interventions. Il travaillait au magnétophone.

Le dispositif de Chirac en Corrèze repose alors sur son suppléant à vie : le Dr Henri Belcour. Maire d'Ussel, député UDR suppléant dans les années soixante-dix, puis sénateur en 1980, c'est un médecin de campagne. Lui et sa femme, Marie-Françoise, sont les piliers de la présence de Chirac en haute Corrèze, sur le plateau de Millevaches. L'assistante du docteur s'appelle Annie Lhéritier. Elle deviendra chef de cabinet du maire. Avant d'être nommée sous-préfète au tour extérieur, puis préfète, chef de cabinet du président de la République.

Maurice Uriot, en liaison avec Belcour, préparait aussi les déplacements, pour ne pas dire les descentes de Chirac en Corrèze. Son avion se posait à Clermont-Ferrand ou Limoges. Les voitures de l'État le conduisaient à Tulle, d'où il rayonnait dans le département, montant sur Ussel, descendant vers Brive. Travaillant comme un bûcheron toute la journée, il se rendait rarement à son château de Bity – près d'Ussel –, et préférait dormir à la préfecture. On l'oublie souvent, mais de 1976 à 1986, le maire de Paris était aussi président du conseil général de Corrèze. Ce qui ne choquait personne. Son chef de cabinet à Matignon de 1974 à 1976, Jean-Pierre Delpont, a été nommé préfet... de la Corrèze. C'est en voulant aller plus vite sur la route de Tulle à Ussel que Chirac, cet homme qui ne cesse de courir, s'est finalement cassé la figure. Les routes étaient verglacées. Ce jour-là, il a été victime de sa vélocité. Un grave accident de la route. Qu'il en soit sorti vivant est miraculeux.

Deux autres fonctionnaires sont sur place, dans la toile d'araignée corrézienne. Bertrand Landrieu, qui s'occupait des affaires corréziennes à Matignon, est nommé, en 1976, sous-préfet d'Ussel. Il deviendra directeur de cabinet du président de la République. Et Jean-Pierre Bechter, directeur de cabinet du préfet de Corrèze de 1974 à 1977, est élu député RPR de Tulle en 1978, après un passage éclair à la mairie de Paris. Il devient le suppléant de Chirac en 1986, puis conseiller de Paris. La boucle est bouclée lorsqu'il devient conseiller de Serge Dassault.

Une nouvelle génération s'implante. C'est à elle que le juge Halphen, enquêtant sur les HLM de Paris, s'intéresse en 1995, lorsqu'il se rend en Corrèze, au local de la liste « Réussir le Limousin », constituée pour les élections régionales et sur laquelle figure en bonne place Georges Pérol, maire de Meymac et patron de l'OPAC de Paris. En 1993, Raymond-Max Aubert s'est fait élire député à Tulle. Il sera secrétaire d'État au développement rural du gouvernement Juppé. Ancien directeur adjoint du cabinet de Bernard Pons aux Dom-Tom, il tentait son implantation en Corrèze au début des années quatre-vingt, animant sur place la section départementale du RPR. Il se fit les dents aux législatives de 1988 à Tulle. Après son échec, il prit durant quelques mois le poste de directeur adjoint du cabinet de Chirac à l'Hôtel de Ville. Élu conseiller général, fin 1988, il abandonna ses fonctions de directeur adjoint, tout en restant « chargé de mission ». On le disait chargé des Corréziens, et c'était vrai. Le flux ne s'était pas tari de ceux qui, depuis la Corrèze, sollicitaient des « placets » ou des appartements en faveur de leurs parents, ou qui voulaient s'installer eux-mêmes à Paris.

Raymond-Max Aubert demande à Chirac le renfort d'un collaborateur sur place à Tulle. Son premier « chargé de mission » s'appelle Bernard Combasteil, il est embauché en juillet 1988. Ses références sont bonnes. Il a été de 1984 à 1988 secrétaire départemental de la fédération RPR de Corrèze. Ses missions n'étaient pas définies précisément. Il travaillait seul, sans personne pour l'aider, s'occupant, dira-t-il, de filtrer les appels. Dès son affectation, il obtient un bureau à la permanence d'Aubert à Tulle. Il quitte ses fonctions en 1992. Il est remplacé par Philippe Ceaux. Ce dernier officie toujours à la permanence du RPR de Tulle, en février 1995, lorsque le juge Éric Halphen perquisitionne le local. Au juge qui lui demande sa profession, Philippe Ceaux annonce sans crainte : « chargé de mission à la mairie de Paris ». Il est aussi secrétaire du RPR pour la 1re circonscription de Corrèze et adjoint du secrétaire départemental. Ceaux est contraint d'envoyer ses fiches de paie au juge. Halphen souhaite enquêter sur cette anomalie, mais le procureur de Créteil s'abstient de lui délivrer un réquisitoire supplétif. Le dossier est transmis à Paris. Une enquête préliminaire est ouverte. Au cabinet de Chirac à la mairie de Paris, on se dit que Raymond-Max Aubert n'a pas été très habile. Michel Roussin et Raymond-Max Aubert sont entendus. Mais le dossier du permanencier de Tulle est, heureusement, classé sans suite par le parquet de Paris en août 1995.

Quand éclate l'affaire des chargés de mission de la Ville, quatre ans plus tard, policiers et juges sont contraints d'écarter l'affaire Ceaux, classée, mais ils ne peuvent pas ne pas examiner le dossier de Bernard Combasteil, son prédécesseur à la permanence. Raymond-Max Aubert sera finalement mis en examen pour « recel de détournement de fonds publics », en 2003, pour la mise à disposition par la Ville de Paris d'un collaborateur en Corrèze.

Le maire de Paris lui-même avait besoin d'entretenir ses troupes sur place. À Ussel officiait un autre chargé de mission de la Ville de Paris de « catégorie supérieure » : Jean-Marie Roche. Il a tenu la permanence de Chirac, moyennant un salaire mensuel confortable, de septembre 1990 jusqu'en mai 1995.

Collaborateur de longue date de Chirac, André Vidal, maire de Soursac, est lui aussi pris en charge par la mairie de Paris pendant un an, à compter du mois d'août 1990. Il n'avait pas de bureau bien sûr… Il dira que Chirac lui avait demandé s'il voulait bien s'occuper pendant un temps de la visite des classes de découverte dans la région…

« Tu n'as qu'à demander à Chirac… » Neuf ans de chômage, Annie n'avait pas vraiment le choix. Son père était conseiller municipal en Corrèze depuis 1948, près de quarante-cinq ans… En 1993, donc, elle parvient à croiser Chirac à qui elle explique qu'elle cherche un travail. Elle n'a qu'un DEUG d'anglais. Mais cela tombe bien, il a, justement, besoin de quelqu'un pour lui faire des notes de lecture. Il reçoit des centaines de livres. Des essais politiques, des livres d'art ou d'histoire et des romans. Et il a si peu de temps ! L'idée de créer un poste de chargé de mission supplémentaire est transmise à Jean-Eudes Rabut, chef de cabinet du maire, qui s'empresse de recevoir Annie. Pas besoin de bureau, ni de téléphone, ni de secrétariat : elle travaille chez elle, en Corrèze, ou à Paris, chez des amies. Toutes les trois semaines, elle dépose ses notes à la mairie ou, mieux : elle les envoie par la poste. Elle n'a jamais utilisé d'ordinateur, par conséquent, elle rédige ses notes à la main sur de simples feuilles blanches. Elle ne les a jamais signées, et n'a pas non plus mis ses initiales dessus. Elle ne sait pas si Chirac les garde après les avoir lues. Ce qui est sûr c'est qu'elle n'en a jamais fait de photocopies. Par conséquent, elle-même n'en a aucune trace. Après l'élection de Chirac à la présidence de la République, Annie a été contente d'apprendre par le chef de cabinet de l'Élysée qu'elle continuerait le même travail pour le président. Restée chargée de mission à la Ville, elle est mise à la disposition de la présidence qui reverse le montant de son salaire à la Ville. Interrogée par les policiers dans l'affaire des chargés de mission de la Ville, Annie a dressé la liste manuscrite d'une centaine d'ouvrages qu'elle a lus pour le chef de l'État. Il y a Michel Droit, Jean Dutourd, Henri Troyat, sœur Emmanuelle, Jean d'Ormesson, François de Closets, Albert Duroy, Christine Clerc, Jacques Julliard, et aussi les mémoires de Poniatovski.

Après quarante ans de vie politique, Chirac continue la collecte des « placets » à l'Élysée. Le 6 janvier 2007, la cérémonie des vœux du président de la République aux Corréziens a eu lieu à Tulle. On s'y pressait comme jamais. Ah le radical-socialisme ! Que « celui qui n'a jamais péché lui jette la première pierre »...

9.

Profession : agent d'influence

Les choses se sont décidées dans le bureau de Claude Chirac. C'était au printemps 1994 à l'Hôtel de Ville. Ce matin-là, la fille du maire avait l'air un peu abattue. La mine des mauvais jours. Le clan Chirac, à lire les journaux, était à l'agonie. Quelques semaines auparavant, j'avais été viré du cabinet de Michèle Alliot-Marie sur ordre d'Édouard Balladur. Nicolas Bazire, le directeur de cabinet du Premier ministre, et Nicolas Sarkozy avaient insisté toute la journée pour que je prenne mes cliques et mes claques. « Sir Édouard », comme je l'ai toujours appelé, avait pris ombrage d'une interview publiée dans *L'Express* où je « parlais mal » de lui, favori des sondages… Chirac, le soir même de mon licenciement brutal, m'avait appelé comme lui seul sait le faire, pour « prendre de mes nouvelles ». « Passe voir Chardon demain, il te fera un contrat », m'avait-il conseillé. Je suis allé voir Rémy Chardon, son directeur de cabinet à l'Hôtel de Ville, le lendemain. J'en suis ressorti avec un contrat en bonne et due forme de « chargé de mission ». Il n'avait fallu qu'un seul coup de fil du maire pour que je reprenne du service à ses côtés. La liste des « chargés de mission » de la Ville de Paris en surprendra plus d'un. Mais j'avais longtemps été le secrétaire général du groupe gaulliste au Sénat. Ce matin-là, devant Claude Chirac, j'étais officieusement chargé du lobbying. Je passerais mes journées au Sénat et à l'Assemblée nationale, souvent dans les bureaux et couloirs du palais du Luxembourg, à « vendre du Chirac » auprès des sénateurs qui, aussi sûrement que l'aiguille d'une boussole, se tournaient vers le gagnant des sondages, sir Édouard. Comment dire à la fille du maire, qui le sent bien elle aussi, que les carottes sont en train de cuire à feu doux ? « Qu'est-ce qu'on fait, Jean-François ? » m'interroge-t-elle, néanmoins pas totalement découragée. Je n'ai pas le temps de répondre.

Le téléphone sonne. C'est son père. À l'autre bout du monde, au Japon, officiellement pour un colloque, Chirac appelle sa fille. Dans la seconde où elle reconnaît sa voix, le visage de la jeune femme change du tout au tout. Elle lui parle comme je n'ai jamais entendu personne parler à Chirac en trente ans. D'ailleurs, elle ne lui parle pas, elle le « chauffe ». Comme un coach, au bord d'un ring, crie à l'oreille de son boxeur. Pour le faire rire, à la façon d'un compagnon de chambrée, je l'entends encore, médusé, se moquer ouvertement de la copine du moment de son père. « Alors, j'espère que tu ne perds pas trop de temps avec ta poule ? » plaisante la fille, avant de passer à autre chose de plus sérieux : « Il va aussi falloir qu'on s'occupe de ton directeur de cabinet, Chardon ne comprend plus très bien et il passe son temps avec les balladuriens. » La fille Chirac remonte son père comme personne. C'est l'action. Les Chirac n'ont jamais remisé ce langage de corps de garde qui fait partie de la guerre. Je l'entends encore lancer dans son bureau, sous les ors de la République : « On va les mettre avec du gravier ceux-là »… C'est Chirac. Avec lui, l'odeur du sang n'est jamais loin. Un parfum de poudre flotte dans l'air. Dans le bureau de Claude, ce jour-là, cette guerre perdue me plaît. Nous décidons que je serai un grenadier voltigeur du combat qui s'annonce. Que je n'aurai aucune fonction officielle dans l'équipe de Chirac. Aucun bureau. Aucune mission officielle. Rien qui puisse permettre de me rattacher au candidat et peut-être futur président de la République. Chaque guerre a ses services spéciaux. Ses coups tordus. Ses actions clandestines. Ma mission consistait tout simplement à « torpiller Balladur ». Et pourquoi pas Lionel Jospin aussi. À ma façon, un peu sénatoriale.

Un viatique et une feuille de route me furent donnés par Jacques Foccart, l'ancien M. Afrique du général de Gaulle. Les gris-gris venaient-ils du Gabon, du Congo ou de la Côte d'Ivoire ? Je ne sais pas. Mais une chose est sûre, rien n'a jamais figuré dans le compte rendu de campagne du candidat Chirac. Comme il se doit, tout a été validé par le Conseil constitutionnel, comme pour

Jospin… Personne, jusqu'à aujourd'hui, n'en aura jamais rien su. Et puis, qu'est-ce qu'un marabout quand il faut porter Chirac à l'Élysée et qu'il ne reste que quelques rares fidèles ?

Je me suis installé près des Champs-Élysées, rue Lincoln, dans un bureau prêté par de bonnes âmes plutôt chiraquiennes. Il m'a suffi de deux chaises, pour recevoir les visiteurs discrets, d'un téléphone et d'un bloc-notes. J'ai réactivé mes réseaux. Il en a défilé du monde dans cette petite pièce de la rue Lincoln ! Des agents doubles du camp Balladur, des diplomates, des parlementaires, des préfets, et même le patron des Renseignements généraux, Yves Bertrand. J'ai aussi reçu la visite, toutes les semaines, de Maurice Robert, ancien ambassadeur de France au Gabon, ancien des services secrets et pilier des réseaux Foccart en Afrique. Il venait directement apporter des nouvelles de « frère Omar », le président gabonais, toujours agréable avec les chiraquiens… Et il ne m'apportait pas seulement des nouvelles, mais aussi du réconfort et l'aide de nombreux amis. Avec eux, j'ai « monté des coups ». Et certains ont réussi au-delà de nos espérances.

Première étape, collecter l'information. Aller à la pêche auprès de tous les réseaux. C'est le plus facile. Il suffit d'organiser des déjeuners dans les bons restaurants de Paris comme Chez Edgar ou au Pichet, l'ancienne taverne de Mitterrand. En ces mois d'été 1994, j'essaie, comme ceux qui restent encore fidèles à Chirac, de plaider contre Édouard Balladur. J'invite Maurice

Couve de Murville et sa fidèle assistante, Nicole Rossolin. Je rends visite à l'amiral de Gaulle. Je bichonne députés et sénateurs. Je convie à déjeuner. Je glisse : « J'ai parlé de toi ce matin à Jacques Chirac et il sait quelle action tu mènes. » Le gars sort du déjeuner complètement requinqué, investi d'une sorte de mission, et commence son travail de résistance. Mais en cet été 1994, Chirac est tombé à moins de 15 % dans les sondages. Édouard Balladur fait le double et les coups portent la plupart du temps dans le vide. C'est l'époque où il n'y a pas une journée sans qu'un flash d'information n'annonce le ralliement d'un chiraquien au camp du Premier ministre. La presque totalité de ses ministres, pourtant placés là par Chirac en 1993, rejoignent sir Édouard avec armes et bagages. Chirac est au bord du K-O et les troupes deviennent maigres…

Je me rappelle le jour du « départ » de Dominique Perben, ministre des Dom-Tom… « Cette salope de Perben, il ne va quand même pas me faire ça ! » tempête Chirac devant sa télévision de l'Hôtel de Ville, la mâchoire décrochée. Personne n'ose broncher. Même lui, pourtant habitué aux pires trahisons, ce jour-là, semble égaré. Au sujet de Michel Roussin, ministre de la Coopération et ancien directeur de cabinet à la mairie de Paris, j'ai entendu Bernadette regretter : « On n'aurait jamais dû sortir ce gendarme de sa guérite »… Le doute a aussi gagné le dernier carré des fidèles du maire, Jacques Toubon, Jean Tiberi, Roger Romani. Les « Corses » sont très préoccupés. Leur boussole s'affole depuis que Charles Pasqua, leur modèle jusque-là, a choisi l'autre camp. L'hésitation commence à les tarauder. Même le camp Juppé hésite… C'est à cette époque, je l'apprendrai deux ans plus tard, que Dominique de Villepin, directeur de cabinet du ministre des Affaires étrangères, va voir Nicolas Bazire pour négocier discrètement un poste d'ambassadeur au cas où. Cet automne 1994, c'est le juin 1940 des chiraquiens. Nous ne sommes que quelques-uns avec Jean-Louis Debré, Bernard Pons, Jacques Toubon et François Baroin. En septembre, aux journées parlementaires du RPR organisées à Colmar, les derniers supporters que nous sommes ressemblent à une armée en déroute. Il y a Philippe Séguin, Alain Madelin et quelques autres. Lydie Gerbaud, la fidèle attachée de presse de Chirac, elle qui a connu tout ce monde en culottes courtes, est consternée.

Édouard Balladur et les siens, Nicolas Sarkozy en tête, se font attendre pour entrer dans la salle, à la façon des rock stars. Nicolas Sarkozy exulte. Pierre Charon, son conseiller en communication, nous dépasse sans nous voir, l'air sûr de lui. Comme si nous étions des fantômes transparents. C'est leur plus grosse erreur. Ils étaient persuadés que le garrot avait été assez fort pour complètement assécher Chirac, nous empêcher d'aller au bout. Au contraire, ils nous ont renforcés. Ce jour-là, je me suis dit qu'on allait devoir les « saccager », les « massacrer » un à un, qu'il allait falloir batailler cage d'escalier par cage d'escalier. Et qu'il n'y aurait pas de prisonniers à l'issue de la bataille, vociférais-je avec Mazeaud.

Chirac a approuvé les « opérations clandestines ». Mon plus beau coup demeure l'affaire de l'auto-stop. C'est une taupe du camp Balladur qui est venue me prévenir. Par respect pour lui, je préfère taire son nom. Ancien agent de Foccart infiltré de longue date dans l'entourage du Premier ministre, il avait été mis dans la confidence tout en étant écarté de l'opération proprement dite. Il était assez bien placé dans le QG de campagne des balladuriens pour être informé des opérations de communication mais pas suffisamment en cour pour qu'on lui demande son avis. Pourtant ça leur aurait évité de commettre une bourde.

Il vient donc me raconter que l'équipe d'Édouard Balladur a imaginé un « scénario de campagne » pour rendre leur candidat plus « proche des gens ». Ce scénario prévoit que, pour cause de brouillard, le Premier ministre sera déposé en hélicoptère à quelques kilomètres du lieu d'un rendez-vous avec des journalistes. Pour rejoindre la réunion, à cause de ce « contretemps », le candidat va « faire du stop ». Et comme rien n'est laissé au hasard, les « stratèges » du camp Balladur dénichent même par avance l'automobiliste qui dépannera le Premier ministre candidat. Ce sera une cousine de Georges Tron, le député de l'Essonne. La belle histoire ! Averti avant que la manip n'ait lieu, j'ai le temps de monter un « contre-dispositif ». Je préviens Chirac : « Ils sont en train de préparer une couillonnade. » Comme d'habitude, le maire pose quelques questions sèches :

« T'es sûr que ça va marcher ? T'es sûr ? Ballamou va vraiment faire ça, ce con ? » s'étonne Chirac, avant de donner son feu vert pour que l'on évente lentement l'opération. Il n'a pas besoin d'ajouter que si jamais je me plante, il n'aura jamais été au courant et que je ne lui aurai jamais parlé de la manœuvre. Mais pour l'heure, pas question de démasquer les autres avant que la pièce ne soit jouée en entier. J'actionne des réseaux Foccart dans la police et la gendarmerie pour que l'on suive « en direct » les mouvements d'hélicoptère et les discussions des pandores sur les ondes… Quel gag !

Le jour prévu, Édouard Balladur est dans l'hélicoptère qui doit se perdre dans le brouillard. Il n'y a que peu de brouillard dans la région, à ce moment-là ! Alea jacta est ! Le coup monté par les deux Nicolas, Bazire et Sarkozy, n'est pas annulé. Grâce à la radio, mes « amis » écoutent tout. J'ai encore en tête le message des gendarmes au sol chargés de réceptionner le candidat. « Hélico en vue, jonction faite, opération commence. » Tout le monde s'en va ensuite, laissant le Premier ministre tout seul au bord de la route, et une Mercedes arrive lentement. « Je vais vous emmener, monsieur le Premier ministre. » La cousine de Georges Tron joue son rôle à la perfection. Sir Édouard peut arriver à son rendez-vous avec les journalistes qui dans l'instant racontent à la France entière que le Premier ministre a « fait du stop ». Un beau récit de campagne… À midi, ils croyaient que leur coup s'était déroulé à merveille. On a laissé faire jusqu'au baisser de rideau. Puis on a lancé la manœuvre prévue. On a distillé. Inutile de les démasquer entièrement tout de suite. Ce genre de plaisir doit durer plusieurs jours, comme dans un feuilleton. On a joué avec leurs nerfs. En premier lieu, j'ai raconté à des amis journalistes que l'automobiliste charitable était la cousine du député Georges Tron. Presse et radio se sont empressées d'aller recueillir le témoignage piteux de la cousine. J'ai ensuite raconté toute l'histoire à Yves Bertrand, y compris les récits des gendarmes sur place. Le patron des RG, à son tour, a rapporté l'opération à ses propres « contacts », fort du crédit dont il disposait. Au bout de quelques heures, dans le camp d'en face, ils se sont affolés. Brice Hortefeux, l'ami fidèle de Nicolas Sarkozy, m'a contacté pour me demander si on avait des « papiers ». Il pensait que l'on détenait des comptes rendus d'écoutes téléphoniques établissant toute la combine... Brice Hortefeux était même assez inquiet du scandale qui pouvait éclater de la publication d'un pareil document. Chirac, lui, était aux anges. La France pouffait de rire.

L'affaire de l'auto-stop a contribué à ridiculiser Édouard Balladur. Comment un responsable politique qui prétend à la magistrature suprême peut-il ainsi prendre les Français pour des imbéciles en montant un « stratagème » aussi grossier et malhonnête ? Édouard Balladur, avec son costume en cachemire et son pouce levé au bord de la route, a perdu des points. L'opération suivante, quand ses communicants l'ont fait monter sur une table pour le rendre plus populaire, est à nouveau passée pour une turlupinade… En surfant là-dessus, nous avons contribué à en faire un personnage légèrement grotesque. Quand vous suggérez que « Ballamou est risible » à longueur d'entretiens aux journalistes et aux élus que vous rencontrez, si vous avez aussi des anecdotes à leur raconter, l'évidence finit par s'imposer. Cela compense les turpitudes balladuriennes contre Chirac.

Fin 1994, grâce à Yves Bertrand et à d'autres policiers, nous connaissions les intentions du camp Pasqua pour « piéger le juge Halphen ». Là encore, Chirac était parfaitement informé, en amont, de ce qui allait se passer : le « biscuit » proposé au Dr Maréchal, le beau-père du juge Halphen, et les écoutes téléphoniques. On a aussi su que la garde à vue du docteur avait lieu non pas à Nanterre dans les locaux des services de police compétents, mais directement place Beauvau, au siège du ministère de l'Intérieur. Robert Pandraud informait Chirac quasiment en temps réel sur cette affaire. Et puis Didier Schuller et Patrick Balkany étaient trop bavards… Nous avons ensuite tout balancé en direct à nos journalistes relais. Cette affaire a permis d'installer durablement l'idée que l'équipe Balladur était composée de chenapans. Cela a fini par troubler l'image du candidat… et le priver des quelques points nécessaires à sa présence au second tour.

Charles Pasqua a téléphoné à Chirac pour lui « demander de dire à Jean-François d'arrêter de foutre la merde, depuis son bureau des Champs-Élysées »... Chirac, qui m'a raconté le coup de fil, a répondu innocemment à Charles qu'il « ignorait que Probst avait des bureaux sur les Champs-Élysées ». Officiellement, c'était la stricte vérité : j'étais chargé de mission du maire. Je m'occupais des relations avec les parlementaires, ce qui était bien le moins pour un ancien secrétaire général du groupe RPR du Sénat ainsi que des cabinets de Matignon et du ministère des Affaires étrangères.

Je me souviens d'un déjeuner avec Philippe Massoni, futur préfet de police de Paris, à la Closerie des Lilas. Il n'avait pas encore vraiment choisi son camp. Mais ce jour-là, il m'a expliqué en détail qu'il sentait de forts tiraillements dans l'équipe Balladur, entre les proches de Charles Pasqua d'un côté, les énarques de l'autre et les proches de Nicolas Sarkozy... J'ai relaté à Chirac et à Jacques Foccart cette analyse à propos du changement d'ambiance chez les balladuriens. Petit à petit, l'oxygène changeait de camp. Je ne me suis jamais autant passionné que durant ce basculement de l'hiver 1994-1995, de l'agonie à la contre-attaque et à la victoire.

10.

Les fameux frais de bouche

Pendant plus de vingt ans, Roger Romani a occupé le grand bureau contigu à la salle du conseil municipal de Paris. Le bureau du questeur. Celui qui donne sur la place de l'Hôtel-de-Ville. À quelques enjambées de celui du maire. C'est le bureau au balcon duquel le général de Gaulle a prononcé sa fameuse formule : « Paris ! Paris outragé ! Paris brisé ! Paris martyrisé ! Mais Paris libéré ! » Roger Romani a été élu sénateur de Paris à quarante-trois ans en 1977. La même année, il est devenu adjoint au maire de Paris, chargé de la questure et de la surveillance des comptes de la Ville. Il a été intendant général, tout en devenant l'homme de confiance et, aux yeux de beaucoup, l'éminence grise, de Chirac au Sénat. L'avantage, avec lui, c'est qu'en principe « il n'y a pas un centime que l'on perde de vue », disait Chirac. C'est un homme de secret. Séducteur singulier. Onctueux, méditerranéen, il parle sans modération, il écoute aussi, entre ses très longues digressions. Chirac admire chez Roger

Romani cette capacité à perdre du temps. Ro-Ro a fait pour lui un travail colossal.

D'origine corse, né à Tunis, Roger s'était installé à Paris dans une chambre de bonne du boulevard Saint-Germain, avant d'adhérer à la section UNR, le mouvement gaulliste d'alors, du Ve arrondissement de Paris, celle de Jean Tiberi. Après un passage au cabinet d'Yves Guéna, ministre des Postes et Télécommunications, il avait été conseiller technique du ministre des Relations avec le Parlement Jacques Chirac et de toutes les « équipes Chirac » de 1973 à 1977. Par la suite, il sera secrétaire d'État aux Relations avec le Sénat (1993-1995) et ministre des Relations avec le Parlement (1995-1997). Il est revenu sous le giron direct de Chirac à l'Élysée, tout en gardant des liens avec Charles Pasqua et Jean Tiberi. Doté d'un flair de politicien, il reste, par ses réseaux, particulièrement efficace pour sortir de leur lit les parlementaires lorsqu'un vote serré s'annonce en séance de nuit. Il connaît toutes leurs coordonnées.

En mars 2001, à peine élu maire de Paris, Bertrand Delanoë a annoncé son intention de supprimer la questure. Roger Romani a été questeur de 1977 à 2001, soit pendant vingt-quatre années pendant lesquelles il était en première ligne. Même si depuis 1986, une commission des crédits de la questure avait plus ou moins associé les élus d'opposition à la gestion de la « caisse ». En octobre 2001, Delanoë a commandé une « enquête » sur le fonctionnement de la questure à l'inspection générale de la Ville de Paris. Dès le mois de mars 2002, le rapport provisoire était dans la presse.

À lire le travail des inspecteurs, on comprend que, petit à petit, le train de vie de Chirac n'ait cessé de s'améliorer, jusqu'à son élection à la présidence de la République. Aujourd'hui encore, alors que Jacques Chirac a quitté l'Hôtel de Ville depuis douze ans, on ne peut rester que bouche bée devant les prodigalités mises au jour par le méticuleux travail des inspecteurs. Ici, nul besoin de commentaires, le simple rappel du contenu du rapport de l'inspection générale de la Ville de Paris suffit. Lorsque j'étais directeur général de l'information et de la communication de la Ville, j'ai eu entre les mains un certain nombre de rapports de cette trempe. Mais en ouvrant celui-ci, mon successeur a dû être estomaqué. Qu'on en juge.

Chaque année, on dépensait davantage que l'année précédente dans les « salons du premier étage », une expression utilisée par les comptables de la Ville pour désigner les appartements privés du maire. Ce n'était pas un enrichissement personnel au sens juridique du terme, mais plutôt vivre aux frais du contribuable. Aux côtés de Roger Romani, Bernard Bled, secrétaire général du conseil de Paris jusqu'en 1995, était l'homme qui signait les bons de commande et engageait les dépenses. Les inspecteurs de la Ville se sont beaucoup interrogés sur les sorties d'argent liquide des deux comptes ouverts par le questeur au titre de la Ville de Paris. Un comptable de la questure s'en occupait. Surprenant : ces retraits sont passés de 80 000 francs en 1987 à 1,4 million de francs en 1994. Des montants modestes du début (25 000 à 30 000 francs) on est passé à des sommes significatives (60 000 à 100 000 francs). Il s'avère qu'une bonne partie de cet argent liquide a servi à régler les dépenses des « salons du premier étage ».

En 1987, les dépenses pour ces salons représentaient seulement 537 734 francs ; en 1989, elles s'élevaient à 1 437 239 francs ; en 1993, à 2 068 597 francs. En 1994, elles se chiffraient à 2 649 497 francs. Évidemment cela peut sembler une goutte d'eau dans la comptabilité des agapes de la mairie de Paris, qui de 1987 à 2000, a dépensé 232 millions de francs pour ses fêtes et cérémonies, dont 145 millions de francs en traiteurs et 15,8 millions en vins et champagne. Mais annuellement, le budget de « bouche » des appartements privés de Chirac représentait quand même près de 10 % du total « fêtes et cérémonies ». Entre 1987 et 1995, ses appartements ont englouti 14,08 millions de francs à eux seuls.

Les cuisiniers prenaient du galon. À vingt-cinq ans, William, cuisinier au restaurant administratif le Lutèce, près de l'Hôtel de Ville, est devenu chargé de mission de cadre supérieur de la Ville de Paris. Le fleuriste qui livrait les fleurs au restaurant, Daniel, lui avait donné le tuyau. Étant lui-même employé de la Ville, il savait qu'un poste allait se libérer dans les cuisines des appartements privés. En avril 1995, il en a parlé à William et lui a présenté Éric. Le cuistot en titre avait « un désaccord avec Mme Chirac » selon lui. William rédige « une lettre de motivation » et rencontre finalement Bernadette Chirac qui lui explique qu'elle ne « veut plus travailler » avec l'ancien cuisinier. William est pris à l'essai. Il commence vers 8 heures aux appartements, fait les courses le matin, et termine en principe à 17 heures, sauf en cas de réception officielle, qui l'oblige à travailler jusqu'à 22 h 30. William donne satisfaction, à telle enseigne que lorsque le couple Chirac déménage à l'Élysée, fin 1995 seulement, il reste au service des époux Tiberi.

Il est normal que la Ville de Paris ait une belle cave. Dans les salons du premier étage, le vin était particulièrement bien choisi. En décembre 1993, le cuisinier était allé chercher douze bouteilles de Château Ausonne 1964 et vingt-quatre Château Ausonne 1970 – 939 francs la bouteille. En mars 1994, vingt-quatre bouteilles de Château Beychevelle 1985 – 236 francs seulement la bouteille. En avril, il avait craqué chez Nicolas pour un vin à 1 150 francs. En novembre 1994, il avait stocké deux cents bouteilles de champagne Laurent-Perrier – 160 francs seulement. En mars 1995, il avait repris du Château Beychevelle 1985 – 349 francs la bouteille.

Les appartements privés du maire disposaient de leur propre cave, distincte de celles de l'Hôtel de Ville. Dans ces dernières, situées dans les sous-sols, on conservait encore vingt-deux mille bouteilles en décembre 2001, lors du contrôle des inspecteurs. Le cuisinier et le maître d'hôtel des salons du premier étage pouvaient donc piocher dans ces caves pour améliorer l'ordinaire du maire et de ses convives. La cave de Chirac était située sous les appartements privés. Près de cinq cents bouteilles y étaient stockées, dans des conditions d'ailleurs « imparfaites » : une grande quantité de ces vins anciens, notamment des millésimes 1964, ont dû être jetés.

Les inspecteurs ont aussi dressé un inventaire des vins rangés dans les trois caves de l'Hôtel de Ville. L'une d'elles, réservée aux crus de prestige, abritait environ dix mille bouteilles à température et hygrométrie contrôlées. Les deux autres, non climatisées mais naturellement fraîches, selon les inspecteurs, abritaient les vins et champagnes de consommation courante, « à forte rotation ». Dans la cave d'excellence, ils ont compté une à une les bouteilles, par crus et millésimes. Des noms célèbres, y compris pour le profane. Cent seize bouteilles de Château Pétrus. Cinq cent soixante et un Château Margaux – millésimés de 1989 à 1995 – et trois cents Pavillon rouge du même cru. Trois cent cinquante bouteilles de Château Lafite-Rothschild. Cinq cent cinquante-sept Château Haut-Brion. Et on en passe. D'après les inspecteurs, les dix mille bouteilles pouvaient être estimées à plus de 6,5 millions de francs. « Il faut bien reconnaître que, hormis les visites de chefs d'État, les occasions de servir des vins de cette qualité sont exceptionnelles et que des critiques seraient susceptibles de surgir si un décalage trop marqué était perçu entre le prix des bouteilles servies et, par exemple, la cause défendue lors d'une réception », notent les inspecteurs.

Les services de la questure remettaient de l'argent liquide aux cuisiniers du maire. Lorsqu'ils partaient s'approvisionner, ils avaient donc du liquide. Ils se servaient dans une cassette prévue à cet effet, une boîte métallique, fermant à clé, qui contenait bon an mal an toujours à peu près 25 000 francs. Pour les fruits et légumes, et cela a intrigué les inspecteurs, ils se déplaçaient dans le VIIe arrondissement, à la Roseraie de Grenelle, ou encore dans le XXe, aux fruits et légumes J.-P. Brunet, rue d'Avron. Selon les factures conservées par la Ville, ils ont acheté pour 231 000 francs de fruits et légumes chez Brunet de 1994 à juillet 1995, et pour 326 000 francs à la Roseraie de Grenelle. Mais les factures de Brunet sont apparues suspectes aux inspecteurs. Il y en avait trente-sept, d'un montant moyen de 6 250 francs, moitié fruits, moitié légumes [1]. Le total Brunet et Roseraie représentait en un an et demi une consommation moyenne de fruits et légumes supérieure à 1 000 francs par jour.

Côté traiteur, les cuisiniers du maire se servaient volontiers chez Fauchon. L'addition n'était pas négligeable, puisqu'elle s'élevait à 141 168 francs en 1994 et à 119 601 francs en 1995. Les achats identifiés ont surpris. Chez Fauchon, à en croire les inspecteurs, les cui-

---

1. Interrogé par *Le Canard enchaîné*, Brunet affirmera que les achats en question n'ont « jamais existé ». Il admettra seulement avoir servi le chauffeur chargé des courses du maire, « une dizaine de fois » tout au plus, pour un montant de 1 500 francs environ, soit vingt fois moins que les chiffres figurant sur les factures conservées par la Ville. Hervé Liffran, « L'épicier des Chirac mange le morceau », *Le Canard enchaîné*, 10 avril 2002.

siniers s'approvisionnaient surtout pour le petit déjeuner ou le goûter des Chirac : « Essentiellement du café, des confitures, des fruits, des assortiments de biscuits et des infusions. » La comptabilité des cuistots était toujours approximative. Les justificatifs de paiements étaient utilisés plusieurs fois.

Une certaine confusion régnait. Les traiteurs ne savaient pas vraiment qui ils servaient : sur leurs factures ils notaient mairie de Paris, ou appartements du maire, M. Chirac, Mme Chirac, ou encore cuisine particulière du maire.

Pour faire face, il arrivait aussi que soient employés des cuisiniers et des maîtres d'hôtel en extra fournis par Lenôtre.

Les inspecteurs ont aussi dressé la liste de dépenses aussi diverses qu'imprévues :

– Des achats d'oreillers.

– L'achat et l'installation d'un téléviseur Sony en janvier 1989.

– Des achats de matériel de camping (sac de voyage, glacière), en mars 1995.

– Le paiement de la redevance de télévision, en 1994.

– L'abonnement à Canal + du maire ainsi que celui de son épouse, et cela chaque année.

– Pour finir, « quelques dépenses dont le caractère personnel et familial ne fait aucun doute » : « Il en est ainsi avant 1995 du pain complet à 8,10 francs acheté chaque jour dans une boulangerie du XVe arrondissement. » Le pain et encore d'autres denrées pour le réfrigérateur du maire : « des yaourts Bio ou Taillefine, des Danettes au chocolat ou de la bière Corona ».

La courbe exponentielle des frais de bouche du maire de Paris de 1988 à 1994 est bien sûr à la mesure de ses ambitions présidentielles. Chirac menait campagne. Déjeuners, dîners et réceptions participaient du lobbying nécessaire au candidat malgré le financement public des partis et le remboursement par l'État des campagnes électorales. La questure était un trésor de guerre. Ainsi, les années 1994 et 1995 ont-elles été aussi parmi les plus lourdes pour le budget « fêtes et cérémonies » de la Ville de Paris : 18,2 millions de francs chacune. Le budget « bouffe » du président du RPR pour sa campagne électorale. Rien ne vaut un beau banquet pour mobiliser les foules. Le maire de Paris accueillait tous les ans le Mouvement national des élus locaux. Les inspecteurs de la Ville ont rapporté la progression du coût pour la Ville de cette manifestation réunissant « des élus de sensibilité politique proche », selon leur expression. C'est un euphémisme. Le MNEL a été sécrété par les gaullistes dans les années soixante-dix, pour constituer un mouvement parallèle de maires, amalgamant les élus RPR et les divers droite de toutes obédiences.

En 1990, la Ville dépensait 213 969,86 francs pour l'occasion. En 1992, c'est déjà nettement plus cher : 951 359,13 francs. En 1993, on franchit le cap du million de francs : 1 380 453,95 francs. En 1994, on sort déjà les cotillons : 1 516 316 francs. Cette dernière réception est « la plus chère de toutes celles organisées par l'Hôtel de Ville pour la période 1994 à 2000 ». relèvent les inspecteurs. Cette année-là, la Ville a dépensé 10 693 044,81 francs en traiteurs. Potel et Chabot s'est propulsé premier fournisseur de petits-fours (avec 3,26 millions de francs) juste devant Lenôtre (3,25 millions).

Très logiquement, en 1995, le budget « fêtes et cérémonies » de la Ville est consacré aux élections. Il y en a trois : présidentielle, municipales et sénatoriales. Les rapporteurs font mine de s'étonner que les dépenses en réception de la Ville de Paris les « plus élevées » cette année-là soient celles de la présidentielle (752 893,29 francs) et non celles des municipales (521 860,29 francs).

Précieux Paris. Élu président de la République en mai 1995, Chirac ne libère les appartements privés de l'Hôtel de Ville de Paris qu'en mars 1996, soit dix mois après son élection. Malgré ses nouvelles fonctions, et leur train de vie afférent, il a préféré bénéficier du confort et des prestations que pouvait encore lui offrir la mairie. Cela ne lui a d'ailleurs pas échappé. Le 16 octobre 1995, il fait rembourser par l'Élysée – et par chèque – 393 270,60 francs de dépenses de nourriture et de traiteurs correspondant à la période du 17 mai au 31 août 1995. Les inspecteurs de la Ville de Paris relèvent d'ailleurs l'épisode. « Sauf à supposer que le président de la République ait organisé des repas de travail dans les locaux de l'Hôtel de Ville, il est probable que ces dépenses ont un caractère privé », notent-ils. Un second remboursement de l'Élysée intervient le 20 décembre 1995 : il inclut des frais de nourriture du 1er septembre au 31 octobre, 169 731,80 francs, et un équivalent loyer calculé à partir de la valeur locative brute figurant sur la taxe d'habitation, soit 52 747 francs pour six mois. Si on additionne les dépenses de bouche remboursées par l'Élysée à la mairie, on obtient, sur six mois, une moyenne quotidienne de 3 351 francs.

L'équivalent loyer prête à sourire tant il est modique. Mais les rapporteurs insistent aussi sur le fait que « l'occupation de l'appartement de fonction du maire s'est poursuivie au-delà du 31 octobre », durant quatre mois supplémentaires, sans donner lieu à remboursement.

Dernier oubli du président de la République : en restant dans les appartements privés du maire, il a bénéficié des prestations de personnels de la Ville auprès de lui. Cuisiniers, maître d'hôtel, lingère, femme de chambre ont continué à le servir, durant six mois, voire dix si on en croit les rapporteurs. « Leur remboursement à la Ville de Paris aurait été prévu par une convention que ni le bureau de la comptabilité de la questure, ni la DRH n'ont été en mesure de produire aux rapporteurs. »

Sacré Chirac, et quels rabat-joie ces inspecteurs et autres rapporteurs... Depuis, au Sénat, Christian Poncelet a fait mieux ! De Gaulle aurait certainement condamné de telles turpitudes.

11.

Le temps des largesses

À la création du RPR, dix ans avant les lois dites « de moralisation de la vie politique », ma femme avait un bulletin de salaire du mouvement, mais moi j'étais payé par une filiale de la SNCF. Nous étions quelques-uns dans ce cas, issus de tous les partis. Ayant quitté Matignon, j'étais devenu directeur de cabinet de Jérôme Monod, secrétaire général du RPR. N'étant pas fonctionnaire, j'ai eu pendant deux ans un bulletin de salaire de Vacances 2000, une société dirigée par Jean-Pierre Hutin, qui me versait des clopinettes. Celles qui permettent au militant de survivre. Prudent, Hutin, grand ami des animaux à la télévision, salariait simultanément deux communistes, deux socialistes, deux UDF. Dans les années soixante-dix, le Parti communiste ou le Parti socialiste ont disposé de systèmes de financement qui s'appuyaient massivement sur les mairies, les mutuelles, EDF-GDF et les Charbonnages de France. Au RPR, les cabinets ministériels hébergeaient beaucoup d'apparatchiks. À partir de 1977, la conquête de la mairie de Paris nous a apporté un nouveau dispositif. Gaston Defferre opérait depuis vingt ans de la même façon à la mairie de Marseille… Plus près de nous, Lyne Cohen-Solal, l'adversaire de Jean Tiberi dans le Ve arrondissement de Paris, était à la fois assistante parlementaire du sénateur Pierre Mauroy, rémunérée donc par le Sénat et la mairie de Lille, et apparatchik du PS…

Après sa première élection, Chirac accède à la mairie de Paris dans un lieu de pouvoir qui était auparavant entre les mains exclusives de l'État par l'intermédiaire du préfet. Son nouveau bureau, c'était l'ancien bureau du préfet. Il n'a pas, lui, fait construire un grand bureau et un grand appartement. Le premier équipage de Chirac arrive. Le maire a la sagesse de prendre Maurice Doublet, un ancien préfet, comme directeur de cabinet, afin de pénétrer les arcanes de cette administration : quarante mille fonctionnaires. Le secrétaire général est un protégé de Maurice Doublet : Camille Cabana, qui gagnera, d'année en année, une influence énorme auprès de Chirac.

Évidemment, tout le monde se dit : par ici la bonne soupe. Dans un premier temps, le système a intéressé tous ceux qui voulaient venir travailler à la mairie, c'est-à-dire des fonctionnaires territoriaux. Contrairement à nous, militants ou dirigeants du RPR, qui étions payés par le privé, des dizaines de personnes, qui n'avaient pas forcément aidé Chirac auparavant, ont posé leur candidature au cabinet du maire, ou dans les directions.

Chirac embauchait aussi habilement des socialistes et des radicaux. Il allait d'ailleurs très vite plutôt chercher le fils de l'adversaire que celui du fidèle.

Geneviève Balladur, par exemple, est la nièce de l'ancien Premier ministre. Son oncle Édouard lui obtient un poste d'hôtesse d'accueil en mai 1983. Pendant un an, elle porte l'uniforme des hôtesses de la Ville. Puis elle devient secrétaire à la direction des affaires culturelles. La première cohabitation lui porte chance, puisqu'elle suit son directeur, devenu conseiller de Chirac à Matignon. En 1988, elle réintègre la Ville comme rédactrice. Sa carrière ne fait que commencer. Après un passage au centre d'accueil municipal des départements d'outre-mer, dont elle se lasse assez vite, elle occupe un poste auprès du chef du cabinet du maire, chargée des affaires réservées. Restée en place sous Jean Tiberi, elle est devenue responsable du service courrier des particuliers.

Agnès Pasqua, nièce de Charles, a elle aussi occupé un vrai poste de secrétariat. Yves Lecanuet, fils de Jean, émarge comme chargé de mission auprès du groupe UDF, jusqu'en 1985.

On trouvait aussi des femmes de dignitaires qui n'avaient aucun bureau. Michelle Delors, épouse de Charette – futur ministre des Affaires étrangères –, a été recrutée en 1984 par Robert Pandraud, nouveau directeur de cabinet du maire, après lui avoir écrit une « petite lettre ». Hervé de Charette était l'un des derniers fidèles de Valéry Giscard d'Estaing, animateur des clubs Perspectives et Réalités. Et Chirac essayait de ramasser tous les débris d'organisations laissés par la droite d'avant 1981. J'avais donc rencontré Hervé de Charette avec Michel Roussin, alors directeur adjoint du cabinet du maire. L'idée était de trouver de l'argent pour sa structure et de faire un geste politique à son égard.

Mme de Charette fut affectée au service du courrier réservé. Les services de la mairie se sont aperçus par la suite qu'elle avait été simultanément rétribuée comme agent de bureau vacataire par le département de Paris. Elle avait perçu deux rémunérations. Il avait été question de lui faire reverser les sommes perçues du département de Paris, mais l'affaire n'a pas été régularisée pour autant et tout le monde a oublié l'épisode. J'ai lu que pour elle, cet emploi était du provisoire. Le « provisoire » a quand même duré six ans, jusqu'en 1990.

Du côté des épouses, on trouvait aussi Marie-Thérèse Poujade, épouse de Robert Poujade, l'ancien secrétaire général de l'UNR. À la fin des années soixante-dix, Robert Poujade était une personnalité acide, pisse-vinaigre, mais après 1981, on en avait besoin dans le rassemblement général contre Mitterrand. Robert Poujade était maire de Dijon, patron de la région Bourgogne. Sa femme a signé un contrat de chargé de mission de cadre supérieur de 1981 à 1993, rattachée au cabinet du maire de Paris, à la demande « particulière » de Chirac, qui lui avait, dit-on, confié une mission de réflexion sur les « problèmes de société et d'art ». Elle relevait uniquement de l'autorité de ce dernier. Travaillant à domicile, elle lui faisait parvenir des notes manuscrites, ou tapées sommairement sur une petite machine à écrire..

Très vite, le secrétaire général du RPR a demandé certains services, notamment en suggérant à Chirac de prendre en charge telle ou telle secrétaire du RPR. Initialement, c'était discret. La secrétaire était « cachée » dans une direction X ou Y. On ne lui demandait pas d'être fictive, mais de faire son job et en même temps de travailler pour le mouvement. Quand le système s'est généralisé, on n'appelait plus Chirac, mais Camille Cabana ou Bernard Bled.

En tant que secrétaire général du groupe RPR au Sénat, j'étais, moi aussi, à même de rémunérer tel ou tel, à la demande de Chirac et Charles Pasqua. Je faisais salarier, en toute légalité, des gens par le président du Sénat, Alain Poher, ou le trésorier de notre groupe, l'excellent Paul Kauss. Ç'a été le cas de Michèle Alliot-Marie en 1983-1984, d'Yvan Blot, d'Alain Marsaud. Michèle Alliot-Marie donnait des cours à Sceaux. Elle avait été conseillère technique dans les cabinets ministériels UDF de Jean-Pierre Soisson et d'Alice Saunier-Seïté. Son premier mari, aujourd'hui décédé, était professeur de droit constitutionnel. Son père, Bernard Marie, était encore maire de Biarritz. Quant à Michèle, elle entamait un début d'ascension. Chirac lui-même nous avait demandé de la prendre en charge. C'est sur ses indications que je l'ai embauchée auprès de moi et Jérôme Capdeville, au groupe parlementaire. Au grand dam de Patrick Devedjian, déjà fort ombrageux, j'ai aussi suggéré à Charles Pasqua qu'il la désigne secrétaire départementale adjointe du RPR des Hauts-de-Seine, puisqu'elle habitait Boulogne-Billancourt. De son côté, Chirac avait demandé à Bernard Pons que Michèle Alliot-Marie soit désignée secrétaire nationale aux études. Par la suite, elle deviendra secrétaire d'État chargé de l'Enseignement lors de la première cohabitation. Cerise sur le gâteau, elle a bénéficié d'une voiture avec chauffeur de la mairie de Paris jusqu'en 1998. Cet avantage en nature extravagant, payé par le contribuable parisien, a perduré pendant quinze ans. Et quand elle disposait d'une voiture ministérielle – à la Jeunesse et aux Sports entre 1995 et 1997 – c'était son père, battu à Biarritz en 1990, qui profitait du véhicule municipal parisien. Il a même été question, sur la suggestion du secrétaire général de la Ville Bernard Bled, de lui en demander le remboursement [1]. La lettre était prête mais Jean Tiberi n'a finalement pas osé… Malgré Xavière !

La même question s'est posée au sujet de Lucien Lanier, un ancien préfet, président de la Fédération des grands magasins, ex-sénateur RPR du Val-de-Marne. En 1990, l'Hôtel de Ville avait recruté son chauffeur en qualité de « chargé de mission [2] ». Lanier avait été le directeur de campagne de Valéry Giscard d'Estaing en 1974.

1. Les frais occasionnés par l'usage de la voiture, l'essence et les appointements du chauffeur s'élevaient au total à 2,5 millions de francs.
2. De janvier 1990 jusqu'à janvier 1997.

C'était d'ailleurs comme ça qu'il était devenu préfet de région. Il avait ainsi habité les appartements privés de l'Hôtel de Ville ! En 1990, Michel Roussin écrit à son sujet au directeur de l'administration municipale, non sans apposer la mention « confidentiel » sur le courrier : le chauffeur « sera affecté à la direction du cabinet pour exercer ses fonctions auprès de M. Lanier ». Une autre note indique : « Souhaiterions faire embaucher à la Ville le conducteur de M. Lanier et le lui affecter. » Encore mieux pour le chauffeur, l'original de son contrat d'engagement – daté du 10 janvier 1990 – est signé par le maire de Paris, Chirac lui-même. Le chauffeur ne s'explique pas pourquoi c'est le maire en personne qui l'a signé. C'est d'ailleurs la question que tout le monde se pose, puisque c'est l'unique contrat de chargé de mission signé de la main de Chirac, qui devait beaucoup à la maison Poher. Il lui fallait renvoyer l'ascenseur à Lucien Lanier. Il n'était pas évident qu'il s'inscrive au groupe RPR du Sénat, compte tenu de son passé giscardien. Mais Lucien Lanier sera un bon sénateur RPR.

Dans un autre genre, Chirac avait toujours eu en tête de rendre service à des syndicalistes de Force ouvrière. Ce qui est cocasse, c'est que Marc Blondel a accepté. Comme pour Lanier et Alliot-Marie, un chauffeur et une voiture, essence comprise, ont été offerts. Le chauffeur était un ancien sportif de haut niveau, champion de France de lutte devenu responsable du service d'ordre de FO. Michel Roussin a réussi à créer pour lui un poste de « chargé de mission » en 1990. Il s'agissait d'« assurer la sécurité du secrétaire général de Force ouvrière, M. Blondel » ! Ça tombait bien, il le faisait déjà... Il a donc continué jusqu'en mai 2001 ! La facture s'est élevée à 281 012 euros. La confédération syndicale s'est finalement entendue avec la mairie sur le remboursement des salaires.

L'institution d'un financement public de la vie politique a été une initiative que nous avons prise au RPR dans une certaine précipitation, en 1988. J'étais au Sénat quand les premiers textes ont été proposés par Chirac et Charles Pasqua. Les nouvelles lois ont provoqué bien des dérives. Je n'ai jamais vu autant de dépenses qu'aujourd'hui, et sûrement un niveau inégalé de compromission et de corruption affectant tous les partis. L'argent est dépensé n'importe comment. Avec les entreprises, la normalisation était justifiée. Un Jean-Claude Decaux ne peut plus prêter, comme souvent par le passé, son avion « personnel » à quelqu'un qui lui achète des Abribus ou des Sanisettes. Mais ce qui a fait déborder le vase, ce sont les largesses de la mairie de Paris avec la Corrèze ou le tout-venant « politique ». Et ceci n'a pas cessé après les lois de moralisation de 1988 et 1990, y compris au PS.

C'était parfois un moyen indirect de rémunérer du personnel politique. Une rédactrice de l'assistant parlementaire de Jean de Gaulle, petit-fils du général, alors député RPR des Deux-Sèvres, avait été engagée par la mairie en 1990 et 1991. La jeune Delphine ne s'est même pas déplacée pour signer son contrat de travail. Jean de Gaulle le lui a apporté. Elle n'avait plus qu'à le signer et à le renvoyer par la poste. Elle n'a jamais mis les pieds à la mairie de Paris. Compte tenu de l'exiguïté des bureaux de l'Assemblée nationale, elle a dit qu'elle travaillait chez elle, et s'arrangeait pour remettre le résultat de son travail à son député. Jean de Gaulle est un expert-comptable qui n'a pas forcément le génie de son père, ni de son grand-père, mais Chirac a besoin que les de Gaulle soient heureux. L'amiral est resté sénateur de Paris. Et Jean qui risquait d'être battu dans les Deux-Sèvres a été rapatrié dans le XIIe arrondissement de Paris. Chirac lui a donné la circonscription du général Pierre de Bénouville, grand résistant devenu après guerre le bras droit de Marcel Dassault. Marie-Ségolène Royal sera tranquille en Poitou-Charente !

François Debré est l'un des deux frères de l'ancien ministre de l'Intérieur, Jean-Louis Debré. L'un des rares à ne pas avoir trahi Chirac pour Édouard Balladur. François Debré aurait réalisé des rapports sur « divers sujets » de 1993 à 1999… Matériellement, il n'en a remis qu'un seul. Les autres étant faits de vive voix, donc sans laisser la moindre trace ! Le désordre administratif parisien ne lui a pas permis de comprendre de quelle hiérarchie il relevait. C'est à peine s'il se souvient avoir remis son unique rapport écrit à Rémy Chardon, l'ex-directeur de cabinet de Chirac. Du reste, peu importait puisqu'il travaillait seul et chez lui. Il confessera que son contrat était « un peu flou ». Mais c'est typiquement quelqu'un qui n'a jamais travaillé à l'Hôtel de Ville. À son sujet, Rémy Chardon, sûrement pressé par Chirac, n'a pas été très habile. Énarque, Rémy Chardon avait été secrétaire général de la préfecture de Corrèze, avant d'être récupéré par Chirac et de prendre la succession de Michel Roussin, pour finalement devenir président de la société d'exploitation du tunnel du Mont-Blanc, comme Édouard Balladur autrefois.

À l'époque, Chirac s'était mis dans la tête que Dominique Perben, secrétaire général adjoint du RPR, était un génie. En 1994, Annick Demonstier-Perben a été affectée, en principe, à la direction des affaires culturelles et/ou (*sic*) au secrétariat général du conseil de Paris. Une note de la mairie signalait d'ailleurs qu'elle était « l'épouse de Dominique Perben, député de Saône-et-Loire, inscrit RPR ». Futur ministre. En réalité, elle était séparée de son mari. Sous Jean Tiberi, elle obtient quand même un poste de « chef de cabinet » de Michel Roussin, devenu maire adjoint à la francophonie.

Il faut distinguer ceux qui travaillaient vraiment et ceux qui n'ont jamais travaillé pour le maire de Paris. Patrick Stéfanini ou Jérôme Grand d'Esnon n'ont travaillé que pour le parti, son président et son secrétaire général. Patrick Stéfanini était l'apparatchik en chef. Il n'allait jamais à la mairie de Paris, contrairement à ce qu'il a prétendu. Jérôme, lui, bossait au groupe RPR de l'Assemblée.

Au sein du RPR, les permanents du siège n'étaient pas les seuls à être pris en charge par la Ville. En 1990, un certain Jean-Claude devient chargé de mission de cadre supérieur à la mairie. Il est secrétaire de la section RPR de Sarcelles et premier adjoint au maire de cette ville. En réalité, il travaille pour le RPR là-bas. Une lettre d'Alain Juppé sera trouvée dans son dossier. Celui qui est alors secrétaire général du RPR et adjoint au maire de Paris chargé des finances lui annonce qu'il a transmis son dossier avec « la plus bienveillante attention ». Il faut en passer par un détachement de Jean-Claude de son administration d'origine, les impôts. Alain Juppé écrit donc au ministre de l'Économie, pour qu'il « participe à la collecte et à la synthèse de tous les budgets annexes pour superviser la consolidation du budget de la Ville ». Le secrétaire de la section RPR de Sarcelles a obtenu de pouvoir effectuer son travail à domicile, ce qui lui a permis de se consacrer durant la journée à son mandat d'élu sarcellois. Aux frais du contribuable parisien. Matériellement, il travaillait seul. Faisait des annotations en marge des rapports qu'on lui transmettait. Il ne voyait personne, et n'assistait à aucune réunion jusqu'à son licenciement en 1997. D'autres responsables départementaux ont été pris en charge par l'Hôtel de Ville de Paris. À cet égard, nous étions aussi bons que nos homologues de la rue de Solférino ou de la place du Colonel-Fabien.

Bien des hauts fonctionnaires ont cru que ce qui était au service public était à eux. Alain Juppé, jeune directeur des finances de la Ville de Paris, se faisait payer une voiture, un chauffeur et une secrétaire par la Lyonnaise des eaux. Patrick Stéfanini ne trouvait pas anormal d'utiliser sa voiture de fonction pour le week-end. Quand la dérive est générale ! Quand Jérôme Monod ou Philippe Séguin ne savent plus payer leurs petites dépenses personnelles ! Quand Mme Chirac ne sait pas ce qu'est Franprix ! Quand Jean-François Mancel, secrétaire général du RPR, fait acheter les couches de ses enfants par le conseil général de l'Oise qu'il préside ! C'est l'emballement. Les vacances ! Les billets d'avion ! Maurice Ulrich qui emmène toute sa famille à l'île Maurice tous frais payés pour 500 000 francs. Joyeux Noël et bonne année ! On est dans l'éloignement total de la philosophie du service de la France et de l'esprit du général de Gaulle. On l'a oublié mais le général de Gaulle, lui, payait ses courses familiales par chèque, sur son compte personnel. Mitterrand et Chirac ont été bien loin de cette ascèse…

12.

L'enfant chéri des Dassault

Un Rafale coûte 125 millions d'euros. Presque un milliard de francs. La France, à l'automne 2006, dispose dans les hangars plus ou moins bien rangés de l'armée de l'air de trente et un avions Rafale. La maison Dassault espérait en vendre beaucoup plus. Elle espérait aussi en vendre à l'étranger. C'est raté, le successeur des Mirage n'a pas trouvé un seul preneur hors de France. Félicitons Mme Alliot-Marie. Généreux, le contribuable français aura donc déboursé 25 milliards de francs pour voir son armée de l'air dotée d'avions uniques au monde… Une vingtaine d'autres sont en commande et en théorie, la France devrait en posséder trois cents dans vingt ans. En théorie. Le propriétaire du *Figaro*, Serge Dassault, fils de Marcel, a provisoirement sauvé son empire. Le doit-il au constant soutien de Chirac ? Quoi qu'il en soit, la fidélité du président au groupe Dassault remonte à loin. Et ne s'est jamais démentie.

En mai 1974, quand il s'installe à Matignon, Chirac dispose sur la cheminée de son bureau, dans des cadres en argent, les photographies de ses trois « parrains » : Charles de Gaulle, pour l'histoire, Georges Pompidou, pour la politique, et le trèfle à quatre feuilles, le talisman, titre symbole de l'autobiographie de Marcel Dassault, pour les affaires. Ces années-là, je suis en poste à Matignon, en charge des affaires de presse. Au moment du salon du Bourget, supermarché du matériel aéronautique, Chirac est ennuyé. Les Belges doivent annoncer d'un instant à l'autre qu'ils achètent des Mirage Dassault plutôt que des avions américains. Mais le communiqué officiel tarde à tomber. Et le Premier ministre l'attend pour faire son discours au pied des avions… vantant comme il l'a fait pendant tant d'années la qualité Dassault. « Probst, vous attendez ici le communiqué de Belgique, et dès que vous l'avez vous rappliquez au Bourget avec des copies du discours à distribuer aux journalistes », m'ordonne le patron. Le communiqué est tombé un peu plus tard. Le discours officiel de Chirac, remis aux journalistes, sonnait comme un cocorico de soulagement… un Dassaurico de plus. Les Belges avaient leurs Mirage. J'ai réquisitionné un motard de Matignon, et j'ai rejoint Chirac au Bourget, sous le grand hangar. Marcel Dassault était à ses côtés. Notre Premier ministre était euphorique. Il m'a présenté à « Monsieur Dassault ». C'était la première fois que je voyais les deux hommes côte à côte. Inoubliable.

On sentait que pour Chirac, Marcel Dassault était à la fois un père, un oncle, un parrain. Un mélange de tout cela. À l'évidence, ces deux hommes avaient de l'affection l'un pour l'autre. En finançant son activité politique, Marcel Dassault faisait de Chirac l'un de ses poulains, comme Félix Gaillard fut le *factotum* de la maison Hennessy sous la IVe République. Et Chirac, en retour, n'a jamais cessé de vendre du Dassault. Échange de bons procédés.

L'histoire est connue. François-Abel Chirac travaille pour Potez, l'associé de Dassault. Marcel fait sauter sur ses genoux le jeune Chirac, fils de l'employé modèle. L'anecdote est racontée dans les biographies officielles du président : incollable sur les marques de voitures, le petit Jacquot fait l'admiration de l'« oncle Marcel » en devinant le modèle de sa Graham-Paige, une voiture rarissime à l'époque. Le jeune Jacques gagnera en retour des soldats de plomb achetés aussi sec dans un magasin de jouets. Au-delà de l'anecdote, les faits : Marcel Dassault prendra en main la carrière du jeune énarque Chirac. Où donc entre Chirac après l'Algérie ? À la direction de l'aviation civile. Où atterrit-il lorsqu'il est nommé chargé de mission à Matignon à sa sortie de l'ENA ? Aux dossiers de construction et de… transports. À l'époque, le jeune Chirac rêve même de devenir « directeur des transports aériens ». Jamais très loin des aéronefs, comme on dit encore à l'époque. Le riche Marcel Dassault fera de lui bien mieux que cela.

Quand le petit Chirac entreprend de partir à la conquête d'un fief électoral en Corrèze, Marcel fera ce qu'il faut : un journal, *L'Essor du Limousin*, sera lancé au service du parachuté. Un journaliste de la maison Dassault, Philippe Alexandre, future grande plume de la presse parisienne et fin politologue, sera même détaché de *Jours de France*, fleuron du groupe Dassault, pour mettre son talent au service de *L'Essor du Limousin* et de la promotion exclusive du poulain de l'avionneur en Corrèze.

En mars 1976, toute cette belle mécanique est plus que jamais en place. À Matignon, Chirac me fait venir dans son bureau quelques semaines avant la campagne pour les élections cantonales. « Probst, vous partez en Corrèze un bon mois pour ma campagne. » Ma mission cette fois-ci ? Rédacteur en chef, provisoire, de *L'Essor du Limousin* dans le but de faire, sur place, la campagne de Chirac. À ma disposition, la logistique Dassault. J'occupe ce que les journalistes appellent aujourd'hui un emploi fictif, puisque durant toute la campagne, bien que travaillant à *L'Essor du Limousin*, je suis payé par le secrétariat général du gouvernement (2 200 francs mensuels)… Mais ce n'est pas encore l'heure des juges d'instruction, en tout cas ni pour moi, ni pour Chirac. Pour l'heure, le lendemain de la remise de ma feuille de route, me voilà à Tulle, en Corrèze, rédacteur en chef d'un journal électoral. Je multiplie les interviews fictives de conseillers généraux du cru. « Fictives » dans le sens où je rédige les questions et les réponses avant de les leur soumettre, pour la forme… Je vis entre Clermont-Ferrand, où l'imprimeur a ses locaux, et Tulle. Nous sommes en réalité trois à faire campagne pour Chirac. Il y a Jean-Pierre Bechter, à l'époque directeur de cabinet du préfet, aujourd'hui bras droit de Serge Dassault, qui me loge. Il y a aussi Henri Cucq, qui n'était à l'époque que commissaire local des Renseignements généraux. Il a fait une belle carrière depuis, grâce à Chirac et à ses talents dans le libre-échange, puisqu'il est aujourd'hui ministre des Relations avec le Parlement. Comme quoi, la Corrèze mène à tout. À trois, nous collions des affiches sur les arbres, nous faisions les articles du journal… *L'Essor du Limousin*, c'était simple, tout était payé par la maison Dassault. Je pouvais puiser librement dans les photos de Christian Boyer, le photographe de *Jours de France*. Pour la double centrale, présentant en images les activités du Premier ministre candidat cantonal, je pouvais utiliser les images du photographe de Matignon. Une jolie organisation. Rodée. Huilée pour ronronner en faveur de l'élu corrézien Premier ministre à Paris. Sacrément efficace. Il a été élu conseiller général haut la main, avec d'autres, comme Charles Ceyrac, frère de François, président du CNPF, l'ancêtre du Medef. J'ai gardé le souvenir d'un fameux repas chez lui, dans ce beau village de Collonges-la-Rouge.

J'ai revu Marcel Dassault, cette fois-ci au siège de *Jours de France*. Il en était le propriétaire, mais aussi le rédacteur en chef exécutif. Ce journal était un mélange de *Gala* et de *Paris Match*. Valéry Giscard d'Estaing était furieux de l'influence de Chirac dans ses colonnes… Grâce à Dassault, *Jours de France* c'était *Jours Chirac*. D'ailleurs les électeurs de Corrèze en recevaient des caisses entières. Nous à Matignon, on en avait aussi des piles qui nous arrivaient gratuitement des imprimeries. Tout comme les électeurs de Marcel Dassault dans l'Oise… Ce jour-là, papy Dassault voulait à tout prix la photo que l'on avait faite de Chirac en compagnie d'Henry Kissinger, secrétaire d'État américain, dans son bureau de Matignon. J'avais donné l'exclusivité de l'image à Henri Bureau, de l'agence Gamma, et Christian Boyer, de la maison Dassault, m'en avait voulu. Son patron voulait cette photo. C'était l'époque où l'on vendait du nucléaire au Pakistan, des Mirage aux Irakiens et ce qu'ils voulaient aux Iraniens. Me voilà avec la photo Chirac-Kissinger devant le hall de *Jours de France*. Dans les étages, au milieu d'une salle de rédaction, le vieux Marcel Dassault, assis à un bureau, une immense paire de ciseaux en main. À ses côtés : Philippe Alexandre, Catherine Nay… Dassault était en train de tripoter une photo de Mireille Mathieu sur laquelle figurait un type qui ne lui revenait pas. En deux coups de ciseaux, Dassault avait réglé le problème. La photo ainsi découpée partait dans le circuit d'impression du journal. En revanche, la poignée de main Chirac-Kissinger a provoqué un hochement de tête satisfait de l'avionneur. D'un signe, le cliché s'est retrouvé en bonne position dans son journal. Le non-dit était évident :

« Nous ici on aime Chirac, et Chirac, en plus, nous aide à vendre des avions. »

Si on regarde nos exportations à l'étranger, cela sautait aux yeux. Quand le Premier ministre partait en voyage, l'une des premières choses qu'il essayait de vendre, c'était du Dassault. Un des hommes de l'avionneur était toujours à portée de main. L'intérêt de la France…

Autre échange de bons procédés, les investitures. Quand Marcel Dassault demande quoi que ce soit, c'est oui. L'investiture à Beauvais, l'investiture dans le XIIe arrondissement pour le général de Bénouville, son bras droit, celle pour le petit-fils ou encore pour Serge Dassault dans l'Essonne, ce n'est même pas discutable. C'est tout de suite.

En 1977, je travaille alors au RPR, rue de Lille, comme directeur de cabinet de Jérôme Monod, le secrétaire général du mouvement. C'est la pleine époque des investitures pour les prochaines législatives. Un jour, Chirac arrive après le déjeuner. « Viens, viens, Jean-François », et il m'entraîne par le bras jusqu'aux toilettes au fond du couloir. En même temps qu'il est en train de pisser, il me dit qu'il a eu une idée. « Écoute, me dit-il, je vais te faire élire dans le XIIe, j'en ai parlé à Bénouville, va le voir de ma part. Appelle-le sans faute aujourd'hui. » J'appelle le vieux général. Effectivement, Chirac et lui avaient parlé de moi. Il me fixe rendez-vous au siège de *Jours de France*. J'arrive dans le bureau du compagnon de la Libération, héros de la France libre.

Un vieux monsieur chauve affable me reçoit chaleureusement… « Voulez-vous être mon suppléant dans le XIIe ? » me demande-t-il. Je ne dis pas non, même si l'idée de me mettre dans la roue de ce vieux monsieur, ami de longue date de François Mitterrand, allume en moi quelques voyants rouges. Je reviens rue de Lille et j'en parle à Jérôme Monod. Lui aussi fait la moue. Finalement je n'ai pas eu à hésiter longtemps. Le lendemain, Chirac me tire à nouveau par la manche. « Marcel me fait une comédie au sujet du XIIe, il veut que la circonscription revienne à son petit-fils Olivier, le filleul de Bénouville, on va laisser tomber pour toi. » Je lui ai répondu que ce n'était pas grave. Et les Dassault ont pu tranquillement poursuivre leur business électoral. Pour me « remercier » de n'avoir pas insisté, et de n'avoir pas été l'empêcheur de tourner en rond, j'ai même été convié au siège du groupe, dans l'hôtel particulier du rond-point des Champs-Élysées. Le luxe à l'état brut. Le pognon étalé sur chaque marche et sur chaque guéridon. Difficile de ne pas se sentir mal à l'aise dans ce temple des armes, de la mort et de l'aviation. À qui doivent-ils tout cet argent ? Pour moitié, bien sûr, au génie incontestable de Marcel Dassault et des ingénieurs maison. Mais l'autre moitié ? À la générosité sûrement sans limite du contribuable français, et à l'appétit de pouvoir des faiseurs de guerre. Mais *si vis pacem, para bellum…*

13.

Aider les affaires de M. Monod

L'Afrique a toujours été considérée par Chirac comme un vaste coffre-fort. Quand Jérôme Monod a quitté le secrétariat général du RPR, je l'ai suivi pendant quelques mois à la présidence de la Lyonnaise des eaux. Il a bien sûr fallu faire du relationnel dans les mairies chiraquiennes mais aussi le plein des contrats africains. Une chasse gardée jusque-là par la puissante Compagnie générale des eaux, où Camille Cabana, un chiraquien de la première heure à la mairie de Paris, et Michel Roussin avaient déjà leurs billes, et où le groupe de Francis Bouygues était aussi en terrain conquis. J'ai servi de poisson pilote. Outre notre place de nouveau venu, la partie était également compliquée par la personnalité même de Jérôme Monod, assez peu compatible avec l'état d'esprit des Africains. Un homme étrange ce Monod : fondateur du RPR, puis partisan de la création de l'UMP, le parti qui devait initialement permettre au dauphin Juppé de barrer la route de

Nicolas Sarkozy, et qui s'est finalement transformé en machine de guerre au service de la candidature présidentielle de... Nicolas Sarkozy. Jérôme Monod n'a jamais gagné une élection. Il a bien essayé, une fois, de se présenter aux municipales de Lourmarin, un petit village du sud de la France où il avait hérité d'une magnifique propriété. Il a réussi le tour de force, sur la seule liste commune aux municipales, d'être le seul candidat biffé par les électeurs. Comme quoi il ne suffit pas d'avoir des diplômes, d'être un financier hors pair et d'avoir sur sa carte de visite le titre aussi ronflant qu'énigmatique de « conseiller à la présidence de la République » pour passer le cap des urnes. Trop joyeux, sûrement, le parpaillot !

Jérôme Monod est arrivé dans l'entourage de Chirac en 1975 comme directeur de cabinet à Matignon. Il sort de la Datar, la puissante délégation chargée de réaménager la France et de combler le trou du désert français. Bouche plissée, regard froid, Jérôme Monod est le parfait prototype de l'énarque protestant, austère et lugubre. Il remplace Pélissier, un préfet tout en rondeur, dont le bureau était toujours vide de tout papier, et qui prenait vos notes de ses grandes mains blanches, les lisait d'un œil distrait et donnait des instructions comme s'il commandait un whisky à la terrasse d'un grand hôtel, sans jamais élever la voix. Le bureau de Jérôme Monod, à l'inverse, est toujours encombré de mille papiers, un fatras invraisemblable ; il s'énerve pour un oui ou pour un non, presse ses interlocuteurs d'aller à l'essentiel, et les interrompt sans préavis quand ils l'énervent. « Probst, soyez précis », répète-t-il à longueur de journée sur un ton qui n'appelle aucune remarque. Jérôme Monod avait été chabaniste deux ans plus tôt, mais Chirac qui, au fond, pardonne assez facilement aux traîtres, lui qui l'a tant été, avait passé l'éponge sur cette ligne de son CV. Les conseillers Garaud et Juillet avaient décidé qu'il fallait un meneur d'hommes, un organisateur, un monstre froid. Ils ont choisi le bon cheval.

Et puis Chirac a adoré dans le parcours de Jérôme Monod la rubrique « antécédents familiaux ». Jérôme Monod était tout simplement marié à Françoise Gallot, fille d'un brillant avocat d'affaires, mais surtout petite-fille d'Henri Queuille, le père du radicalisme corrézien. Imparable. À la nomination du nouveau directeur de cabinet, j'ai eu pour mission, au service de presse de Matignon, d'insister auprès des journalistes sur cette généalogie, dans le but de démontrer les filiations « radicales » de Chirac. Ça le servait pour ses chers Corréziens... D'ailleurs, à la mort d'Henri Queuille, Chirac maire de Paris s'est empressé d'inaugurer une plaque rue de Babylone, sur une maison habitée autrefois par l'illustre Corrézien, et il a fallu prévoir une place au premier rang pour Françoise Monod... Tout le ban et l'arrière-ban des radicaux de la IVe République s'étaient réunis. Chirac était comme un poisson dans l'eau, et outre les voix qu'il engrangeait en Corrèze, cette filiation à gauche énervait tellement Valéry Giscard d'Estaing… Jérôme Monod arrive à Matignon et va réorganiser la boutique dans le même registre qu'il tient sa petite famille, à deux pas de là, rue du Bac. Il a quatre enfants et les élève à la dure. Un étudiant écossais à demeure pour qu'ils soient parfaitement bilingues. Un séjour annuel dans une école anglaise. Pas de froufrous. Pas de chichis. La cravache et un sourire, parfois, les jours où le bulletin scolaire est bon.

Après Matignon, Jérôme Monod a suivi Chirac, qui l'a propulsé au secrétariat général du parti. Puis l'énarque s'est fait tuer par les barons, persuadés que Jérôme Monod n'avait guère de sens politique. Dans la voiture le soir de son éviction, il m'a lâché cette phrase en desserrant à peine les lèvres, en tapotant nerveusement des doigts le bord de la portière : « Probst, ce Chirac est un homme sans honneur. » C'était le métier qui rentrait. Jérôme Monod s'est lancé à fond dans l'aventure Lyonnaise des eaux. Je l'ai suivi plus tard sans enthousiasme, après trois années excellentes pour moi et pour ma formation au Quai d'Orsay, auprès de Jean François-Poncet.

Objectif l'Afrique. Comme cet austère Monod n'avait aucun goût particulier pour les discussions interminables, et aucune patience, deux qualités indispensables quand on veut faire la moindre affaire sur le continent noir, il a donc commencé par aller voir Chirac. « Il me faut une lettre de recommandation. » Ce dernier la lui a signée sur-le-champ. Un courrier comme il sait les faire. Deux ou trois formules de politesse, et une chaleureuse intronisation destinée à encourager le pays africain concerné à faire appel aux inestimables services de la Lyonnaise des eaux. Nous voilà partis, à bord d'un avion d'Euralair de l'ami Alexandre Couvelaire, à la conquête de nos anciennes colonies. L'avion se pose d'abord à Lomé, au Togo. Le pays, depuis l'indépendance, est gouverné par un généralissime inquiétant, mis en place par Paris, Gnassingbé Eyadema. Notre avion touche le sol togolais, et le maire de la capitale nous accueille. « Le président vous recevra demain en brousse dans son village natal »... On dîne avec quelques huiles le soir même, et comme notre hôte avait lu quelque part que Jérôme Monod avait une grand-mère écossaise, chacun, à table, a sa bouteille de Chivas. Je vois en le regardant du coin de l'œil que le Monod est aussi à l'aise dans cet environnement qu'un saumon de grand froid plongé dans un bain bouillant.

Le lendemain, avec la précieuse lettre en main, nous partons pour le nord. Le jet se pose sur une petite piste d'aéroclub en latérite rouge. Une 2 CV pick-up nous attend pour nous conduire dans le repère du chef. Nous voilà dans une sorte de lodge où attendent avant nous des Coréens, des Japonais, des Chinois et des Allemands. Certains sont à l'évidence là depuis plusieurs jours, et sans aucune nouvelle de leur rendez-vous avec le « président ». C'est l'Afrique. Jérôme Monod au bout d'un quart d'heure n'en peut déjà plus. « Probst, démerdez-vous comme vous voulez, mais si on ne le voit pas dans l'heure, je repars. » Je me suis débrouillé. Plus exactement, j'ai distribué à bon escient quelques billets français dont m'avait doté la Lyonnaise pour le voyage. Nous nous sommes retrouvés face au président du Togo, régulièrement et triomphalement réélu depuis des années. Un colosse, assis au milieu des cannettes de bière, dont aucun scénariste hollywoodien n'oserait s'inspirer fidèlement de peur d'essuyer un procès pour racisme. Le monsieur se pique, au milieu de sa cour, de nous prodiguer un cours de géopolitique. Jérôme Monod l'écoute, agacé. Refuse une première bière. Et me jette quelques regards inquiets pour savoir comment exposer l'objet de notre venue ici, au bout du monde. Alors la lettre sort de son sac. À la façon d'un courrier cacheté de cire signé de la main du Roi-Soleil lui-même, le courrier du maire de Paris, ex-Premier ministre, et surtout héritier en titre du gaullisme, change de main. « Ah ! ce Chirac, je suis moi-même dix centimètres plus grand que lui ! » dit Gnassingbé Eyadema en rigolant bruyamment.

Jérôme Monod acquiesce d'un air poli. Il embraye sur les capacités de sa Lyonnaise des eaux à construire des canalisations d'eau dans Lomé et à doter la capitale d'un réseau d'assainissement moderne. « Je donne l'ordre que tout cela soit mis en place rapidement, je donne des instructions pour que tout le monde ait de l'eau dans ma capitale », tonne le président à l'attention du maire de la ville et de ses ministres présents. Une bonne chose de faite, me dis-je. Et voilà le maître du Togo demandant à Jérôme Monod de saluer son « ami Chirac », et commençant à raconter « ses parties de pêche au gros, parfois en hélicoptère, à la mitrailleuse », avec le fils de François Mitterrand. Ces souvenirs semblent l'avoir mis brutalement de bonne humeur. Gnassingbé Eyadema nous propose de passer la soirée avec lui, mais nous sommes attendus le soir même à Yamoussoukro. Et la perspective de rester dans cet antre ne réjouit personne, même s'il s'agit de gagner de nouveaux contrats.

Le général nous propose donc de nous faire raccompagner dans sa propre voiture jusqu'à l'avion. Un chauffeur déguisé comme dans *Tintin au Congo* sort de la rutilante Mercedes 600 blindée et nous ouvre une porte lourde comme le sas d'un char d'assaut, aux fenêtres décorées d'épais rideaux rouges. On salue de la main le dictateur ivre. Au début nous pensons que la voiture est si puissamment blindée que l'on n'entend pas le bruit du moteur. Mais en fait la voiture n'avance pas, et le chauffeur s'énerve sur son volant. Le général Eyadema lui-même ouvre la portière. Il n'est pas seulement fou de colère que sa voiture ne démarre pas, il est également mortifié que la scène se déroule en présence des amis de son ami Jacques. Pendant dix minutes, j'ai l'impression d'être dans la peau d'une fourmi, à regarder les pieds d'un géant qui allait finir par l'écraser. Le chauffeur était blême. Les ministres aussi. Dans sa rage, Gnassingbé Eyadema nous prend, Jérôme Monod et moi, par le bras et nous fait pousser la voiture. Cela ne sert à rien. On est finalement reparti en 2 CV. Le soir même nous étions à Yamoussoukro, dans le palais d'Houphouët-Boigny avec Ernest Cazelles et Jacques Foccart.

Le dîner a duré quatre heures, mais Houphouët était lumineux. Et avec lui, tout passait vite. En Côte d'Ivoire, la Lyonnaise régnait sur le marché des pompes funèbres. À l'époque, *Le Canard*, qui était plus drôle qu'aujourd'hui, avait titré « La Lyonnaise des os ». Et c'était évidemment un marché drôlement juteux. On a enchaîné dans six pays africains, dont le Congo et le Gabon, bien sûr. Toujours avec la lettre de ce cher Jacques. Sénégal, Mali, Burkina Faso.

De tous les chefs d'État de l'ex-empire, le seul vrai ami de Chirac s'appelle Omar Bongo. Ce n'est pas le plus brillant. C'est aussi comme Chirac le plus cynique. Et le plus attaché à l'argent. Avec Jérôme Monod, dans notre African tour, nous avons vu Omar Bongo dans son grand bureau pour les présentations d'usage et la remise du sésame. Soucieux de l'ordre protocolaire, il ne nous a pas invités à dîner mais a délégué la corvée à un ministre. Le type a passé la soirée à expliquer à Jérôme Monod qu'il adorait le foot et que pendant les séances du conseil municipal de Libreville, il avait une petite télé sur ses genoux pour suivre les matchs. Jérôme Monod n'a presque pas touché aux plats et s'est contenté d'être poli. À lui seul, il parvenait à faire oublier la chaleur d'Afrique centrale.

Il a fait fortune. Une fortune cachée comme il se doit dans ce milieu. Appartement discret de l'extérieur, dans l'une des rues les plus chic de Paris. Et aménagements somptueux dans sa datcha de Lourmarin. Mais aucun magazine people n'a jamais été invité à passer la porte. Jérôme Monod a la richesse discrète des grands avares. J'ai rarement vu quelqu'un aimer autant l'argent que lui. D'ailleurs, je l'ai rarement vu payer une addition. Au restaurant, sauf si vous signiez un contrat avec lui, il ne se précipitait jamais pour régler. Et s'il le faisait, c'était toujours au final quelqu'un d'autre, le RPR, ou la Lyonnaise, qui supportait l'ardoise. Je ne lui ai jamais vu sortir le moindre cadeau de sa poche. Je n'ai d'ailleurs jamais vu quelqu'un d'aussi peu généreux. Ses chauffeurs et secrétaires, par exemple, ont très longtemps été payés par la Datar ou la Ville de Paris, y compris quand il était à la Lyonnaise.

Jérôme Monod, venu de la préfectorale, a toujours considéré que tout ce qui était à l'État était à notre disposition. Les grands commis sont souvent de grands comiques. Ils vont jusqu'à penser que les victuailles ou le papier hygiénique du ministère peuvent être rapportés à la maison. C'était aussi l'époque où en fin de semaine à Matignon, Marie-France Garaud remplissait le coffre de sa Rover verte de tout ce qu'il fallait pour passer le week-end. Jérôme Monod était comme cela. Les Chirac le sont devenus aussi. Les technocrates, tout leur est dû. Tout est à eux. Nous, les gens ordinaires, sommes un peu leurs serfs.

Et bien sûr, dans ces années soixante-dix où le concept d'emploi fictif n'avait pas encore été inventé par les juges ou les journalistes, le chauffeur de Jérôme Monod n'était pas payé par Jérôme Monod ni même par le RPR. Le chauffeur, mais aussi les secrétaires, était payé par le contribuable. Au service de Jérôme Monod, ce type d'emploi était synonyme de quasi-esclavage. Le chauffeur devait accompagner Madame et les enfants, presque chaque week-end, dans la maison familiale. Aller et retour, bouchons compris. Il devait se pointer à huit heures moins le quart rue du Bac. Et gare aux retards. Aller chercher Monsieur à l'aéroport à chaque heure du jour et de la nuit. Pas question une seule seconde de prendre un taxi. Faire la queue comme tout le monde ? Impensable. Mais surtout, en plus de ces horaires, le type ne devait surtout pas s'attendre à un merci. « Vous direz ce que vous voulez, mais cet homme, il est pas humain », soupirait Henri Bosch, l'un des chauffeurs.

Lorsque Gérard, qui avait été son chauffeur pendant vingt ans, est décédé, Jérôme Monod m'a appelé pour me prévenir que je le représenterais aux obsèques. « Je vous préviens, lui dis-je, j'ai effectivement prévu de me rendre aux obsèques de Gérard, avec ma femme, mais il n'est pas question que je vous y représente. Je considère que c'est votre devoir d'y assister, et d'ailleurs, si vous pensiez le contraire, je n'aurais plus rien à faire à vos côtés et je quitterais la Lyonnaise »... Je crois que c'est la seule fois où je lui ai parlé de cette façon. La sienne. Et il a paru interloqué. Il a raccroché et a rappelé dix minutes plus tard : « Vous me parlez mal, Probst, mais je vais réfléchir. » Je suis allé aux obsèques avec ma femme et on nous a gentiment installés au premier rang, avec la famille. Pas de Jérôme Monod. Pendant la messe, on a entendu la porte de l'église grincer. Il a remonté l'église jusqu'au premier rang, salué d'un hochement de tête par le curé. À la sortie, il a dit avec son regard pincé que j'avais « bien fait » de le « pousser ». On critique souvent les politiques pour leur manque de cœur, mais les entreprises sont loin d'être un repaire d'enfants de chœur. Comme pour le punir, la vitre arrière de sa voiture est restée bloquée pendant tout le voyage de retour. Et Jérôme Monod est rentré à Paris frigorifié. Le nouveau chauffeur, José, riait dans sa moustache.

J'ai quitté la Lyonnaise en 1982 parce que j'en avais marre de cet univers. Je suis parti au Sénat avec Charles Pasqua. L'antithèse de Jérôme Monod, et surtout, de nouveau au service de Jacques Chirac.

En janvier 1983, Jérôme Monod, qui n'avait guère apprécié que je parte travailler pour son ancien rival Charles Pasqua, qu'il a toujours pris pour un comique troupier, me rappelle. Avec les municipales de 1983, la France avait fait le plein de nouveaux maires et la Lyonnaise des eaux avait besoin d'introductions pour pénétrer les marchés de ces nouvelles municipalités. En région parisienne, Jérôme Monod n'obtenait pas grand-chose. Chirac allait lui donner la moitié de Paris mais pour l'heure, le patron voulait attaquer « en région » comme on disait à l'époque. « Vous vous souvenez de ce Carignon ? » me demande Jérôme Monod. Bien sûr que je m'en souviens. Au début du RPR, j'avais remarqué ce jeune militant plein d'enthousiasme que l'on avait même casé dans un emploi sur mesure au *Dauphiné libéré*. Alain Carignon était parti à l'assaut d'une citadelle imprenable, la mairie de Grenoble. Les journalistes se trompent souvent grossièrement puisque la ville de Grenoble, dans un classement publié juste avant les municipales, avait été classée parmi les villes les mieux gérées de France et son maire, Hubert Dubedout, un socialiste, avait été gratifié du titre de meilleur maire et de député le plus assidu de France. Cela n'a pas empêché notre jeune poulain du RPR de lui piquer sa mairie. Jérôme Monod m'a donc demandé sans hésitation de lui organiser un déjeuner, rue du Bac, chez lui, avec ce Carignon. C'est dire qu'il fondait de grands espoirs sur Grenoble. Marie-Hélène Bry et Marie-Laure Venturini doivent se souvenir.

J'ai organisé le déjeuner rue du Bac, dans l'austère mais digne appartement de Jérôme et Françoise Monod. Une austérité sur fond d'œuvres d'art de bonne texture. Il n'y avait pas de personnel de maison. Juste un extra qui venait faire passer les plats à table et à qui la secrétaire donnera une pièce. Autour de la table, les époux Monod, Alain Carignon, Jean-Jacques Prompsy et moi-même. Jean-Jacques Prompsy était directeur de l'eau à la Lyonnaise. Un type épatant, ingénieur et commercial. L'idée de la conversation, c'était aussi de parler de la société de finances qu'anime Françoise Monod. On proposa au nouveau maire de Grenoble de lui apporter des entreprises de haute technologie. L'entreprise de Mme Monod était spécialisée dans l'installation de chercheurs, de la matière grise... Quel maire aurait pu refuser une idée pareille ? Le jeune maire était flatté d'être là, à la table de l'ex-secrétaire général du RPR qui, en plus, l'avait aidé à se mettre en selle... Chez Jérôme Monod, c'est parfois un avantage, les repas ne durent jamais longtemps. On passe du plat unique à la table du salon. Alain Carignon était un tout jeune maire, il venait d'arriver, il n'avait pas encore été ministre, il y avait peu c'était encore un petit employé du *Dauphiné libéré*, chez le père Richerot... Ce jour-là, Jérôme Monod a évoqué la question de l'eau et de l'assainissement de Grenoble. Les discussions ne faisaient que commencer. Je revois Alain Carignon, sur le trottoir de la rue du Bac, me remercier chaleureusement de l'avoir fait inviter chez le célébrissime patron de la Lyonnaise. Il ne savait pas ce jour-là que la suite de l'histoire le verrait lui en prison et son hôte au balcon.

Monod s'est servi de la politique. Il fait partie de ces puissances invisibles qui ont toujours soutenu Chirac parce qu'il servait au mieux leurs intérêts. D'ailleurs, quand ce dernier a fait louer par la Ville de Paris une discrète petite villa, rue du Bac, officiellement pour loger ses filles, il était ainsi un quasi-voisin de « son ami » Jérôme. Les deux hommes pouvaient se rencontrer à portée de main. Jérôme Monod, qui ne lâchait jamais rien facilement, a toujours soutenu généreusement et fidèlement Chirac, malgré la mésaventure de son départ précipité du RPR, en 1978.

14.

Le cahier de Sassou

C'est Bernadette Chirac qui est venue se recueillir sur la dépouille de Jacques Foccart, le 20 février 1997. Le président de la République étant absent, sa femme est venue à 11 heures, rue de Prony, rendre hommage au légendaire conseiller aux affaires africaines et malgaches du général de Gaulle. Elle a pu constater, comme moi, la sobriété monacale qui avait entouré les dernières heures de Foccart. Au-dessus de son lit, un grand crucifix. Sur une petite table de nuit, une photo de sa femme Isabelle, morte quatre ans auparavant. Et un livre ouvert, non terminé, les mémoires de Michel Jobert. Bernadette a rendu hommage à l'homme de pouvoir. Très au fait des phénomènes de cour et des intrigues, elle s'astreint souvent à suppléer son mari en de pareilles occasions. Les obsèques de Jacques Foccart ont eu lieu à Saint-Louis-des-Invalides en présence de nombreux chefs d'État africains, et d'anciens présidents. Ayant l'honneur d'être placé dans le carré de la famille et des intimes, j'ai songé aux nombreuses conversations que j'avais eu avec lui à la fin de sa vie. À son patriotisme. Son parcours. Son grand amour, Isabelle. Pas d'enfants, et un report d'affection. Foccart était un altruiste, un grand chrétien au sens antique du terme. Et, simultanément, un homme de l'ombre tirant les ficelles, n'hésitant pas à monter des coups d'État, des coups politiques, des coups tordus. Personnellement, je l'avais rencontré début 1977, alors qu'il présidait le grand banquet annuel des délégués du Service d'action civique (SAC) à l'hôtel Lutetia. Conseiller des présidents de Gaulle et Pompidou, Jacques Foccart était aussi le patron du SAC, le légendaire service d'ordre du mouvement gaulliste. J'accompagnais Jérôme Monod, en ma qualité de directeur de cabinet du secrétaire général du RPR. Chaque département était représenté par des militants qui pour la plupart avaient les deux casquettes, RPR et SAC. Il s'agissait bien souvent de gorilles, de gardes du corps, mais pas seulement. Le SAC était une organisation structurée, qui avait pris sa source à la fois dans la Résistance, l'après-guerre, le retour au pouvoir du Général en 1958 et, bien sûr, dans lcs réseaux destinés à combattre les gauchistes. C'était un réservoir de militants que Jacques Foccart avait apporté sur un plateau à Chirac, à la fin des années soixante-dix.

À la fin de sa vie, Jacques Foccart espérait peser encore auprès de Chirac. En septembre 1996, il était revenu de province en m'expliquant qu'il ne cessait de recevoir des appels d'amis qui lui annonçaient rejoindre le Front national. Il ne supportait pas de voir les gaullistes partir vers l'extrême droite. Il avait appelé le président devant moi pour lui dire que j'allais à l'Élysée lui faire une proposition. L'idée était de créer une association de soutien à l'action du président Jacques Chirac (l'ASAPJC). Cela n'avait rien à voir avec l'association des amis de Jacques Chirac. Nous voulions relancer un nouveau militantisme jeune. J'ai vu le président avec le projet que nous avions conçu. Chirac a approuvé notre initiative mais en me conseillant d'enlever de la liste « tous les énarques et les chapeaux à plume ». Jacques Foccart et moi voulions redonner un élan à l'esprit patriote et gaulliste à l'extérieur du RPR.

Durant les deux années qui ont précédé sa mort, j'ai pu constater que tout le monde venait lui rendre visite. Jacques Foccart n'allait pas voir Denis Sassou-Nguesso, Omar Bongo, Abdou Diouf ou Abdoulaye Wade. C'était eux qui venaient rue de Prony. Un sobre appartement du XVIIe arrondissement, au cinquième étage. Un petit couloir ouvert par deux défenses africaines et un double salon d'une grande simplicité. Chirac l'avait nommé son conseiller à l'Élysée en 1995, mais la maladie de Parkinson le contraignait à rester chez lui. Il se plaignait de n'être plus beaucoup écouté. Il jugeait qu'il manquait au président de la République une vision globale de la politique africaine de la France. Il regrettait que Dominique de Villepin ait choisi de faire entrer le ministère de la Coopération dans le giron du Quai d'Orsay.

Et par la suite, évidemment, d'avoir nommé Michel Dupuch à sa place aux affaires africaines à l'Élysée. Malgré son impossibilité de se lever, Jacques Foccart avait plusieurs téléphones près de lui. Il voulait rester au centre de l'action. Sur le continent. Il appelait ses hommes là-bas, leur donnait des idées, des conseils. Il glanait des « éléments ».

À cette époque, Jacques Foccart m'avait confié pour mission de m'occuper de Denis Sassou-Nguesso, le président du Congo-Brazzaville. « Est-ce que vous connaissez Sassou ? » m'avait-il demandé. J'avais connu le dictateur-président, alors marxiste-léniniste « pur » et dur, en 1982. Je lui avais rendu visite avec Jérôme Monod, à propos de la gestion des eaux de Brazzaville. Nous avions été reçus par un homme en costume gris, austère. J'avais pris connaissance de son dossier au Quai d'Orsay. Sassou avait fait l'école militaire de Saint-Maixent. Les jeunes marxistes qui l'entouraient étaient tous passés par l'université Patrice-Lubumba de Moscou, lui était allé à Zagreb et Bucarest. Après une première « révolte des jeunes gens », Sassou et ses amis avaient amené au pouvoir un premier président marxiste orthodoxe, Marien Ngouabi. Et un an plus tard, ils l'avaient éliminé. Selon le dossier du Quai, Sassou avait été l'exécutant. Une fois au pouvoir, il avait lancé la révolution nationale, expérience « marxiste scientifique », peu concluante pour le peuple.

C'est lors de ce voyage, en 1982, que j'avais retrouvé Jacques Foccart, non pas à Brazzaville, mais à

Yamoussoukro chez le président ivoirien Houphouët-Boigny. J'étais accompagné d'Ernest Cazelles, l'ancien bras droit de Guy Mollet à la SFIO, devenu le conseiller spécial du président de la Lyonnaise des eaux plusieurs années avant l'arrivée de Jérôme Monod à la tête de la compagnie. J'avais vu Houphouët, Jacques Foccart et Ernest Cazelles lors d'un dîner. Les trois hommes étaient francs-maçons et très unis. La maison d'Ernest Cazelles à Bargemont, dans le Haut-Var, s'appelait Yamoussoukro. Et sur le mausolée où est enterré le président Houphouët à Yamoussoukro figure l'inscription « Bargemont ». Ces hommes partageaient une espèce d'affection fraternelle remontant aux années cinquante. Avec Jacques Foccart, Ernest Cazelles constituait l'une des meilleures introductions chez les présidents africains. Pendant toutes ces années, Denis Sassou-Nguesso avait soutenu Chirac. Je l'avais revu de loin en loin. À la suite de sa défaite à l'élection présidentielle de 1992, il était devenu un Africain en exil.

« Est-ce que vous lui donneriez un coup de main ? » m'a demandé Foccart. J'ai donc aidé l'ancien président à partir de la fin 1995 jusqu'à son retour au pouvoir en 1997. Sassou habitait avenue Rapp. À ce moment-là, il avait le sentiment que la conférence nationale de 1993 l'avait définitivement écarté de la vie politique et qu'il ne retournerait jamais dans son pays. Il n'était pas interdit de séjour là-bas, mais ayant tenu le Congo d'une main de fer, il ne supportait guère l'idée de revenir dans un pays « démocratique »... Et puis, il avait pris des goûts de luxe, ce qui l'avait fait évoluer idéologiquement. À Paris, il était devenu un capitaliste brillant. Ayant marié sa fille à Omar Bongo, il disposait toujours de gros moyens financiers. Mais personne ou presque, dans son exil doré, ne prenait le risque de le rencontrer, et encore moins de le soutenir officiellement. Pas même Chirac. Sassou ne comprenait pas. « Jacques ne veut pas me recevoir, Dupuch ne me prend pas au téléphone, Roussin ne me rappelle pas, se lamentait-il. Qu'est-ce que tu peux faire, Jean-François ? »

En sous-main, Jacques Foccart ne lui avait pas retiré sa confiance. Au contraire. J'ai donc préparé son retour médiatique, en janvier 1997. Nous avons réuni mille cinq cents personnes dans un grand hôtel parisien. Au passage j'ai transmis une lettre d'instructions de Jacques Foccart. La discrétion devait être totale. Chirac craignait que le président Lissouba ne soit vexé. La note manuscrite de Jacques Foccart n'était pas un appel à la guerre, ni un appel au coup d'État ou à la violence, mais plutôt un appel au rassemblement. Des élections devaient avoir lieu. Il s'agissait des dernières instructions de Jacques Foccart, qui est décédé le mois suivant. J'ai continué mon travail auprès de Sassou en organisant son retour au Congo. Les élections ont donné l'occasion du coup d'État. L'histoire officielle dit que le président Lissouba a envoyé un char contre la villa de Sassou, en réalité il s'agissait d'une provocation montée de toutes pièces par la milice Cobra. Sassou était de l'autre côté du fleuve Congo, avec des jumelles. Le président Lissouba, qui était un scientifique un peu égaré, et sa directrice de cabinet, Claudine Munari, n'ont pas compris ce qui était en train de leur arriver et ils ont été renversés. En juillet 1997, la guerre a commencé. Les combats ont duré tout l'été. J'ai aidé le clan Sassou à revenir là-bas. Et je lui ai trouvé des armes au mois d'août 1997, après le décès de Jacques Foccart, à la demande de Pierre Oba, le ministre de l'Intérieur. Sassou avait un bureau officiel avenue Montaigne et un autre, boulevard Magenta, pour tous les Congolais. Il fallait trouver de l'artillerie. Je n'ai jamais été marchand de canons, mais j'ai aiguillé Oba vers un spécialiste à Monaco. Et le président angolais José Eduardo Dos Santos a aidé Sassou à donner le dernier coup de reins.

La guerre s'est terminée début décembre 1997, et je me suis rendu au Congo une semaine plus tard. Je suis parti de Pointe-Noire le 6 décembre 1997. Denis Sassou-Nguesso m'a accueilli au palais M'Pila et j'y suis resté du 7 au 10 décembre. Le lendemain de mon arrivée, j'ai passé toute la matinée avec lui, j'ai déjeuné à sa table et nous avons passé un long moment à converser. Dans l'après-midi, il est allé dans une pièce à côté. Il est réapparu avec un cahier à spirale entre les mains. « Jean-François, il faut que je te montre quelque chose. » Ce cahier avait été saisi dans le coffre de Claudine Munari, la directrice de cabinet du président Lissouba.

Dans l'atmosphère de coup d'État, le bureau du président Lissouba et les appartements attenants avaient été un peu mis sens dessus dessous. La foule était entrée dans le palais présidentiel et avait tout cassé : lavabos, bidets, ordinateurs, téléviseurs. Très vite la milice, les cobras de Denis Sassou-Nguesso, était arrivée pour mettre la main sur ce qu'il restait des meubles et surtout des papiers de Pascal Lissouba. Le coffre de Claudine Munari avait été récupéré par Isidore M'Vouba, directeur de cabinet du nouveau président autoproclamé.

Dans ce précieux cahier, Claudine Munari avait fait la liste des sommes remises à Dominique de Villepin à Paris, au Plazza Athénée, ou au Bristol. Précisant les lieux, les jours et les heures. Il s'agissait de la participation du président Lissouba aux bonnes œuvres et au combat politique de Chirac, entre 1992 et 1995. Avant la présidentielle de 1995, Dominique de Villepin était directeur du cabinet d'Alain Juppé au ministère des Affaires étrangères, il était ensuite devenu secrétaire général de l'Élysée. La conclusion de Denis Sassou-Nguesso était sans appel : « Villepin, il faut qu'il arrête de m'ennuyer, m'a-t-il dit, avec un sourire de serpent énigmatique. Maintenant, je le tiens. »

Plus tard, j'ai retrouvé des témoins de ces rencontres secrètes entre Dominique de Villepin et Claudine Munari au Plazza Athénée. Denis Sassou-Nguesso est venu à Paris le 19 décembre 1997. Il est descendu au Crillon avec sa délégation pour voir Chirac. Il m'a confié que Dominique de Villepin lui semblait mal à l'aise. Sassou avait un doute. Il se demandait si Chirac, redevenu son grand ami, avait bien touché l'argent de Pascal Lissouba, parce que le président français lui avait très naturellement certifié n'avoir rien reçu de son ennemi…

Mon grand ami Edgard Kpatindé, franco-béninois, actuel conseiller spécial du président Yayi Boni, gaulliste et soldat de Chirac, peut confirmer toutes ces étonnantes aventures.

15.

Le cerveau

Lorsqu'en 1995, il est nommé secrétaire général de l'Élysée, Dominique de Villepin franchit une première étape dans les objectifs qu'il s'est fixés : commander aux fonctionnaires, être à la tête de l'État. Être au service de l'État, prétend-il, et non pas, comme d'autres, se servir de l'État, ajoute-t-il malicieusement. C'est dans son nouveau bureau de secrétaire général de l'Élysée, en mai 1995, qu'il prononce devant moi cette phrase historique : « Je gère le cerveau de Chirac. » Orgueil, vanité, prétention, ou tout simplement sotte naïveté ? Je me suis fait cette réflexion que Chirac avait eu bien des directeurs de pensée et de conscience – Marie-France Garaud, Charles Pasqua, Bernard Pons, Édouard Balladur, Jacques Toubon, Alain Juppé – mais qu'aucun n'avait osé imaginer ou prétendre « gérer le cerveau de Chirac » ! Même Charles Pasqua, qui fut des années plus tôt bien plus proche de ce dernier que Dominique de Villepin ne le sera jamais, n'aurait jamais osé une telle affirmation. Sauf à l'accompagner d'un grand rire pagnolesque. Et peut-être à ajouter, pour rire encore : « À supposer que Chirac ait encore un cerveau... » Mais Dominique de Villepin ne plaisante pas quand il croit, en 1995, enfin diriger l'État et gérer le cerveau de Chirac. Ce dont le secrétaire général de l'Élysée manque le plus, c'est de sens de l'humour. Comme Michel Jobert qui l'a précédé dans ce bureau, il a un parfait entraînement au sarcasme grinçant, qui les a amenés tous les deux à considérer les élus comme des « connards ». À la manière d'Édouard Balladur, encore un ancien secrétaire général de l'Élysée, Dominique de Villepin est doté d'une surprenante propension à écraser son prochain de sa superbe. Pour ne rien arranger, les deux hommes ont en commun une certaine difficulté à contrôler leurs nerfs. Mais leurs colères restent, heureusement, tragi-comiques. Dominique de Villepin surpasse ses prédécesseurs. Personne ne semble avoir compris l'étendue de sa mission sur terre. Sauf sa femme, Marie-Laure, qui pense que les autres sont aveugles.

En 1995, quand il accède à la tête du service de la gestion du cerveau du président de la République française, Dominique Galouzeau de Villepin est un inconnu pour 99 % des militants et des cadres du RPR. En revanche, il est bien connu des fonctionnaires du ministère des Affaires étrangères. Il y officie depuis quinze ans, en poste tant en France qu'à l'étranger, où il a beaucoup vécu. Son père, que nous avons aidé à devenir président de la commission des Affaires étrangères et de la Défense du Sénat, a en effet durant de nombreuses années travaillé à l'étranger pour l'industrie française. C'est ainsi qu'en poste au Maroc, en Amérique latine et aux États-Unis, Xavier de Villepin – un démocrate chrétien courtois et affable – s'est engagé en parallèle dans les associations d'expatriés pour finir par siéger dans une instance complexe et souvent pas très utile : le Conseil supérieur des Français de l'étranger. À la fin des années quatre-vingt, Xavier de Villepin joue des équilibres internes au sein du Conseil supérieur entre l'UDF et le RPR pour être élu sénateur représentant les Français établis hors de France et s'inscrit au groupe centriste. Les compétences de Xavier de Villepin en matière de géopolitique, de diplomatie ou de défense n'apparaissaient pas au grand jour. En revanche, ses capacités de négociation et de tractation, son appétence pour les alliances obliques étaient évidentes. Xavier de Villepin, sénateur des Français de l'étranger ? Ce n'était pas dans la poche avant le vote au sein du Conseil supérieur. La place est intéressante à maints égards, et les candidats se pressent au portillon. Marie-Antoinette Isnard, qui s'était inlassablement dévouée depuis 1976 à la cause de la fédération RPR des Français de l'étranger, pour ne pas dire au service de Chirac et Charles Pasqua, ne fut jamais remerciée ne serait-ce que d'un soutien à sa candidature. Ingratitude…

Un jour, le socialo-mitterrandien Philippe Faure, fils de Maurice, que j'avais connu à Sciences-Po et avec qui j'avais servi au Quai d'Orsay au cabinet de Jean François-Poncet, me présente Xavier de Villepin, en me priant de faire tout ce qui était en mon pouvoir de secrétaire général du groupe RPR du Sénat pour qu'il soit élu. J'accepte de l'aider avec le soutien de quelques puissants appuis du RPR. Villepin père semblait distingué et cultivé, finalement peu éloigné du chiraquisme de la fin des années quatre-vingt. Il était très intéressant pour la haute assemblée parce qu'il venait de l'entreprise et n'avait pas un langage de technocrate ni de fonctionnaire international. Il était utile au RPR de s'ouvrir un peu plus vers les centristes. Pourtant et malgré toutes ces bonnes raisons, j'ai fait ce geste d'amitié en faveur de Xavier de Villepin surtout parce que je connaissais Dominique, son fils, depuis 1979. Xavier fut sénateur, son fils et ses autres enfants en furent heureux, du moins je l'espère.

Dominique de Villepin, lui, s'était payé une belle jeunesse, à l'étranger surtout. Ses parents lui avaient offert une bonne éducation jusqu'à l'École nationale d'administration, où personne n'avait décelé en lui les qualités d'un foudre de guerre. On le trouvait nerveux et approximatif, mais assez persévérant. C'est surtout sa capacité de travail qui le fait entrer à la sous-direction Afrique du Quai d'Orsay sous la houlette de Marie-Claude Cabana, l'épouse du très complexe et trop puissant secrétaire général de la Ville de Paris, Camille Cabana. Il devient donc membre très tôt de la « bande à Cabana », dont faisait déjà partie Philippe Faure, son futur parrain en diplomatie. Philippe avait appartenu au cabinet du secrétaire général du Quai Jean-Marie Soutou. Il me présente Dominique de Villepin dans son bureau de conseiller du ministre des Affaires étrangères en 1979. Pour ma part, j'étais conseiller du ministre Jean François-Poncet chargé des relations avec le Parlement et avec la presse. Philippe Faure me présente comme un « Chirac's boy », membre du RPR et ancien collaborateur de Chirac à Matignon et au mouvement. D'allure sportive, décontractée et souriante, Galouzeau accueille cette introduction avec sympathie. Notre premier contact est donc chaleureux et amical. Jean François-Poncet avait décidé de m'embaucher afin d'améliorer les contacts avec les parlementaires RPR. Dominique sortait tout juste de l'ENA, et il lui fallait réussir sa première embauche à la sous-direction Afrique qui suivait la situation de la corne de l'Afrique, avec Brigitte Girardin qui sera, vingt-cinq ans plus tard, sa ministre de la Coopération.

En 1980, Dominique Galouzeau veut apprendre, comprendre, se faire des relations et un carnet d'adresses, qui reste à l'époque plutôt giscardien. Il est très réservé et dans les virées parlementaires et gastronomiques auxquelles nous le convions, Philippe Faure et moi, il ne boit que de l'eau. Dans les soutes de la sous-direction Afrique, il demeurait éloigné de la scène politicienne où se jouent alors les derniers actes de la mort politique programmée du président Giscard d'Estaing, dans les méandres de la ténébreuse affaire des diamants, montée en épingle par François Mitterrand et Roland Dumas, avec l'aide de leurs amis du *Canard enchaîné*. Les gaullistes et les socialistes s'allient pour faire payer à Valéry Giscard d'Estaing sa victoire de 1974 et son « oui, mais » de 1969. Pendant que Philippe Faure transmettait des documents diplomatiques intéressants à Hubert Védrine et Lionel Jospin, au PS, à l'intention de François Mitterrand, Dominique de Villepin se rapprochait de Jean-Louis Gergorin, directeur du Centre d'analyse et de prévision du Quai d'Orsay qui élaborait de brillantes et fumeuses théories sur l'avènement d'un monde multipolaire et l'approfondissement d'une politique de détente et de coopération avec l'URSS de Brejnev… en pleine invasion de l'Afghanistan. Inspiré par un homme de confiance de Valéry Giscard d'Estaing, Gabriel Robin, directeur des affaires politiques du Quai, Dominique de Villepin s'est forgé ses convictions : une forte dose d'antiaméricanisme primaire assortie d'une bonne dose d'amitié et de fraternité franco-arabe.

Dans le bureau du ministre qu'il occupera vingt-deux ans plus tard, Galouzeau fut témoin des séances de préparation des réponses aux questions des parlementaires. En séance, Jean François-Poncet s'en tirait toujours très bien, mais la séance de travail dans le bureau relevait parfois de la psychothérapie de groupe. Quand les honorables plénipotentiaires ne se faisaient pas copieusement incendier… « Vous avez le sens politique d'un oiseau de nuit... », « Vous tenez les propos d'une pos-tière », vitupérait Jean François-Poncet. Je suppose aujourd'hui que ces séances ministérielles ont fourni à Dominique de Villepin une arrogance sans pareille. Même si à l'époque, il se contentait de trouver cela amusant. En cette fin de période giscardienne teintée de masochisme, notre futur Premier ministre a retenu quelques leçons : comment mécontenter ses amis et les électeurs, se mettre à dos ses principaux soutiens, persister dans l'erreur, et enfin hurler lorsque tous ceux qui vous entourent sont fatalement des « ignares » ou des « connards ».

À l'arrivée de François Mitterrand au pouvoir, Dominique Galouzeau de Villepin change de vie : il m'annonce son départ pour l'ambassade de Washington, où un poste lui était réservé grâce à l'appui de Philippe Faure déjà sur place. Tandis qu'à Paris, nous entrons dans l'opposition, les jeunes et sémillants diplomates s'emploient à vendre à nos alliés américains l'action économique de Jacques Delors, considéré à Wall Street comme le champion incontesté et mondial des déficits publics, des dévaluations à répétition et de la fuite en avant : exercice difficile. Une fois installé au Sénat, après mon passage à la Lyonnaise des eaux, je reçois assez vite la visite de Dominique de Villepin. Je lui raconte nos projets de reconquête du pouvoir. Aux États-Unis, il s'occupe du Proche-Orient. C'est un portefeuille très sensible puisqu'il voit passer tous les télégrammes confidentiels du Quai d'Orsay adressés à l'ambassadeur de France aux États-Unis, Bernard Vernier-Palliez, ancien président de Renault nommé par François Mitterrand. Les Américains ont une peur bleue des socialo-communistes, et surveillent particulièrement les arrangements entre la France et le Proche-Orient en matière de pétrole, de ventes d'armes et d'équilibre stratégique.

Les correspondants de la presse française à Washington – Jean-Pierre Joulin, Jean-Marie Lefebvre, puis Gérard Saint-Paul – s'agglomèrent autour de Philippe Faure et de Dominique de Villepin. Anciens ministres et députés sont assez nombreux à passer par la capitale américaine. À l'époque, ce clan déjeune tous les jours au restaurant de l'immeuble du Watergate, Chez Georges. On les appelle la bande du Watergate. Jean-Pierre Joulin représente Europe 1, mais nul n'ignore qu'il est en même temps tête chercheuse pour le groupe Lagardère. En novembre 1985, à l'occasion d'un colloque sur l'Initiative de défense stratégique – la « guerre des étoiles » – à la Maison-Blanche, auquel nous sommes invités, je conduis Charles Pasqua à un déjeuner chez Philippe Faure. Dominique de Villepin est présent. Le déjeuner dure cinq heures. Charles Pasqua explique qu'il n'acceptera jamais une « cohabitation » avec le président Mitterrand. Jean-Pierre Joulin m'avait aidé à organiser une conférence de presse pour Dick Ukeiwé, le sénateur canaque. Si Dominique de Villepin n'était pas engagé politiquement, il était très lié aux amis de Lagardère. Jean-Pierre Joulin, discret, me faisait penser à l'acteur Raymond Pellegrin, avec ses faux airs secrets. Il avait commencé à l'AFP au Caire et à Kinshasa. Mais lorsqu'il intègre Europe 1, il s'intéresse très vite aux ventes d'armes. C'est là que s'est constitué le petit groupe que l'on retrouvera souvent durant les vingt années suivantes. Quand Philippe Faure quitte Washington il passe le relais à Dominique à la tête du service de presse de l'ambassade. Dorénavant, Galouzeau contrôle le service de presse de la France aux États-Unis, ses voyages, son budget, ses voitures. Il a commencé à organiser chez lui des dîners très exceptionnels. À la fin d'un séjour aux États-Unis, j'y avais été invité un soir avec ma femme. Nous étions quarante répartis sur deux tablées. Dominique de Villepin fêtait le départ du correspondant de l'AFP dans la capitale américaine, futur patron de l'agence.

Il me traitait avec beaucoup d'amitié, parce que j'étais secrétaire général du groupe RPR du Sénat. Il étoffait son carnet d'adresses dans tous les domaines, à gauche, à droite, marchands de canons, de pétrole, anciens ministres. Il avait relancé la publication d'un magazine grand format, édité par l'ambassade, *France*, qui chantait les vertus des industriels français. Je lui ai d'ailleurs envoyé des journalistes, comme Ghislaine Ottenheimer, ainsi que des sénateurs en déplacement. Dominique de Villepin était très accueillant. Mais il n'avait pas d'engagements. Il m'avait confié qu'il envoyait des notes, des comptes rendus diplomatiques pour Chirac à Marie-Claude Cabana, et se plaignait de ne pas avoir de retour. Il observait un peu tous ces gens qui étaient montés derrière Chirac, et notamment Édouard Balladur. Il commençait à se rapprocher d'Alain Juppé. Il se mettait à envoyer ses notes à l'Hôtel de Ville, mais cette fois au maire adjoint chargé des affaires financières. Il faut savoir que l'ambassadeur de France aux États-Unis reçoit le même jeu de télégrammes diplomatiques que le président de la République française et que les deux présidents des commissions des affaires étrangères de l'Assemblée et du Sénat. Et Dominique de Villepin était même mieux doté pour les affaires spécifiques du Proche-Orient, ce qui intéressait beaucoup les milieux d'affaires, en particulier les groupes Dassault et Lagardère. Simultanément, Dominique de Villepin commençait à connaître un tout petit peu Chirac qui passait de temps en temps à Washington. Il avait une vieille Cadillac décapotable verte des années cinquante, et il faisait souvent l'effort d'aller chercher les visiteurs à l'aéroport. Chirac appréciait le geste. Grand amateur de voitures, je le revois au volant nous conduisant Charles Pasqua et moi dans les rues de Washington à la recherche d'un magasin de sport… Le futur ministre de l'Intérieur voulait acheter des Nike pour ses petits-fils, Philippe et Alexandre. Dominique, marathonien, fut de bon conseil. De même qu'il accueillit, à ma demande, très chaleureusement, Patricia Godest, qui devint une des grandes prêtresses de la télévision en 2000.

Dominique de Villepin était alors en relations constantes avec Jean-Louis Gergorin et Jean-Pierre Joulin revenu à Paris comme directeur d'Europe 1. Les « Lagardère's boys » le protégeaient à distance. Pendant la première cohabitation, Villepin était assez amer d'être resté sur le sable, et que personne ne lui ait rien proposé. En 1990, il était à deux doigts de rejoindre le groupe Lagardère. Le patron en personne lui avait proposé un poste, moyennant un salaire de 100 000 francs mensuels. En 1990, le jeune homme était tenté par l'aventure. Il est même venu au Sénat pour en discuter. « Jean-François, Qu'est-ce que tu en penses ? Jean-Luc me propose de quitter la diplomatie… J'en ai marre, on ne gagne rien. » Je n'avais pas trop su quoi lui répondre. Mais Xavier, son père, était venu me voir pour me demander d'intervenir. « Jean-François, il n'y a que toi qui puisses le convaincre de ne pas faire cette bêtise… Il ne faut pas que Dominique aille dans l'industrie. Il est bien au Quai d'Orsay. Bien sûr, c'est dur à Paris avec trois enfants et seulement 20 000 francs par mois, mais il va repartir en poste à l'étranger, et cela ira mieux. » Le père croyait à la grande carrière diplomatique de son fils. J'ai convaincu mon ami de ne pas rejoindre le privé et il a été nommé en Inde. Il m'en a rapporté deux coussins qui, avec le temps, ont fini par perdre leur éclat dans le salon de ma maison du Pays basque.

En Inde, il est devenu numéro deux de l'ambassade. Au RPR, on se remettait de l'après-1988 et de la tentative de putsch Pasqua-Séguin de 1990. En 1991, Dominique de Villepin et sa femme Marie-Laure, de passage en France, sont venus à Saint-Jean-de-Luz. Je les ai présentés à Pierre Charon, ancien du cabinet de Jacques Chaban-Delmas, qui venait de travailler auprès de Chirac avec Jean-Pierre Tessier. Dominique se plaignait cette fois de sa vie indienne. Huit jours après, j'ai retrouvé Dominique et Marie-Laure avec sa tante Micheline Chaban-Delmas sur la plage. Nous sommes allés marcher. Je lui ai expliqué les perspectives de 1993. À ma grande surprise, il jugeait très sévèrement Chirac, et m'annonça que Jacques Delors avait plus d'avenir, que la France devait être gouvernée au centre. « Ton Chirac restera maire de Paris jusqu'à la fin de ses jours », me dit-il.

De retour à Paris, à la sous-direction Afrique, il continua pourtant d'alimenter Alain Juppé en notes diplomatiques. Au lendemain de la mort de Jean Lecanuet, il m'a téléphoné à la maison et m'a fixé rendez-vous au petit matin dans un café, devant l'Assemblée nationale. Jean Lecanuet mort, il m'a demandé d'œuvrer pour que son père soit désigné à la présidence de la commission des Affaires étrangères du Sénat. « Vous n'allez pas laisser cette position au maire de Sancerre, Genton. Il y a un truc fantastique à faire. Il n'y a que toi qui puisses faire ça », m'encouragea-t-il. Je suis allé demander l'autorisation de Chirac, de Charles Pasqua, de Roger Romani. Nous pouvions aussi récupérer cette présidence pour le RPR avec Raymond Bourgine, Yvon

Bourges ou Christian de La Malène. Mais c'était une commission qui revenait à l'UDF. Ce qui facilitait la candidature de Villepin père tenait au fait que Genton avait été très sévère avec le vieux Poher, lors du précédent renouvellement du président de la haute assemblée. Charles Pasqua m'a envoyé chez Alain Poher qui semblait effectivement assez heureux d'écarter Genton. Il ne connaissait même pas Xavier de Villepin. Le président m'a dit : « feu vert ». Je suis resté deux jours dans l'appartement des Villepin, quai de New-York, et j'ai téléphoné aux sénateurs. Comme il l'escomptait, Xavier de Villepin est devenu président de la commission des Affaires étrangères et de la Défense, ce qui constituait finalement une position non négligeable pour son fils. Il l'occupera d'ailleurs jusqu'en 2002, date à laquelle Dominique est devenu ministre des Affaires étrangères. Il sera resté dix ans à ce poste envié, qu'occupe désormais Serge Vinçon, sénateur du Cher.

Après la victoire de la droite aux législatives de 1993, Alain Juppé est nommé ministre des Affaires étrangères, et Dominique devient son directeur de cabinet. Maurice Gourdault-Montagne est son directeur adjoint. Nicolas Bazire, directeur de cabinet d'Édouard Balladur, m'a certifié que dans les derniers mois de la campagne présidentielle de 1995, quand la trahison, la haine et la guerre entre balladuriens et chiraquiens étaient au plus fort, Dominique de Villepin s'est rendu souvent à Matignon préparer son avenir et tenter de décrocher une ambassade. Il était persuadé qu'Édouard Balladur allait gagner. L'implantation d'Alain Juppé à Bordeaux découle également de cette certitude. Chirac a donc gagné les élections malgré eux. Alain Juppé devient alors Premier ministre et Dominique de Villepin, secrétaire général de l'Élysée. Maurice Gourdault-Montagne, quant à lui, est le nouveau directeur de cabinet du Premier ministre. À la fin de la campagne, ils ont tous rejoint Chirac, de concert avec quelques industriels, précédant le retour des parlementaires…

Dominique de Villepin est un marathonien. Je l'ai vu courir. Il fait ses dix kilomètres par jour. Et ses quarante-deux le dimanche. Je connais sa capacité d'accélérer dans les dix derniers kilomètres. Sa femme a elle aussi une bonne foulée. Elle court d'ailleurs avec lui. Elle est dotée d'une ambition forcenée. Inquiétante même. Marie-Laure de Villepin a quelque chose de Bernadette Chirac en plus dynamique. Son mari est intellectuellement capable. Beaucoup plus cultivé que Nicolas Sarkozy. Il est ferré à glace car il bosse, étudie les dossiers. On pouvait s'attendre à ce qu'il devienne conseiller diplomatique, peut-être pas secrétaire général de l'Élysée. La réaction de beaucoup a été de dire : il tient Chirac. Il a été l'un des « Juppé's boys » d'accord, mais de là à le voir nommé bras droit au premier étage de l'Élysée… Les Philippe Séguin, Bernard Pons, Alain Madelin, Pierre Mazeaud… tous ceux qui ont fait la campagne de Chirac se disent « mais qui est ce type ? ». Il n'a jamais été au cœur. On ne demande pas qu'il soit élu. Moi je suis plutôt content pour lui. À mes yeux, c'est un copain. Mais il se révélera particulièrement inamical avec beaucoup de gens, y compris avec ceux qui nous avaient rejoints durant la campagne, comme Alain Madelin. Le 24 août 1995, Madelin est débarqué du ministère des Finances. L'intrigue est montée de toutes pièces par Dominique de Villepin, qui a chauffé tant Chirac qu'Alain Juppé contre lui, qui avait pourtant été l'un des piliers de notre campagne. Ensuite, Villepin convainc Chirac de ne pas dissoudre l'Assemblée et donc de conserver une majorité parlementaire plutôt balladurienne. Après cela, vient l'annonce de la reprise des essais nucléaires. D'un seul coup, on perd deux ou trois millions de jeunes gens qui ne veulent plus entendre parler de Chirac.

Dominique de Villepin est le chef cuisinier. Il donne des ordres tout le temps. Maurice Gourdault-Montagne est un exécutant. Ce qui est très curieux, c'est l'obstination qu'il a eue à exclure tous ceux qui étaient chiraquiens depuis toujours : « Toi tu n'es pas de mon équipe. » Que Chirac et sa femme aient laissé faire ça, c'est assez étonnant. Pierre Mazeaud comme Jean-Louis Debré sont parvenus à passer entre les gouttes. D'autres ont été écartés. Il a ainsi « assassiné » Jacques Toubon, Bernard Pons et tous ceux qui rappelaient les années soixante, soixante-dix et quatre-vingt. Il a rassemblé une équipe de diplomates, qui manquaient totalement de sens politique. Deux ans plus tard, on a eu l'embardée que l'on devait avoir : le choix de la dissolution et la

Berezina. Bernadette Chirac l'a dès lors surnommé Néron. Il aurait mérité d'être renvoyé dans ses foyers ou dans une petite ambassade. Mais Dominique de Villepin avait prise sur Chirac : en particulier dans la gestion des affaires judiciaires. Il a été derrière le putsch de Toubon à la mairie de Paris, les attaques portées contre Jean Tiberi, à travers *Le Canard enchaîné* ou plus indirectement en passant par les juges. Tout le monde se demandait quel était le jeu de Villepin. Grâce aux « bons » conseils de l'avocat Francis Szpiner, Alain Juppé a été envoyé au casse-pipe dans l'affaire des emplois fictifs du RPR. Alain Juppé aura du mal, je pense, à pardonner à Villepin l'élaboration de cette stratégie judiciaire désastreuse pour lui et pour notre mouvement.

Xavier, le père de Dominique, avait raison lorsqu'il me disait : « Dominique, c'est un travailleur. Il est tenace, intelligent, volontaire, mais il n'a aucun sens politique. » Il a une espèce d'orgueil et de vanité qui lui font croire qu'il doit toujours être le premier. Il se persuade qu'il n'a pas besoin d'être candidat aux élections pour être élu. Il se prend pour de Gaulle, ou Napoléon. Il écrit des livres, *Les Cent-Jours ou l'esprit de sacrifice*, *Le Cri de la gargouille*, *Le Requin et la mouette*, aidé occasionnellement par Jean-Louis Gergorin. Son projet est d'« étreindre l'ailleurs ». En réalité, il croit pouvoir se passer de ce qui constitue le fondement du combat politique : les élus, les courroies de transmission, les réseaux. Il s'appuie en revanche sur le monde industriel. Les protecteurs disparaissent. Jean-Luc Lagardère décède. Cela change. Le vent tourne. La dernière chance de Dominique de Villepin a été de faire croire au monde entier qu'il avait eu raison sur l'Irak, contre George Bush. La gauche a embrayé. Sans oublier Serge July qui était d'ailleurs son grand ami. Dans le groupe des six, un groupe discret qui se réunissait entre 1993 et 1995, Serge July s'asseyait à côté de Jean-Pierre Joulin, Pierre Lellouche, Philippe Faure, Dominique de Villepin et moi-même. Serge July était en adoration devant Dominique de Villepin. Un déjeuner avait lieu une fois par mois au Fouquet's. On réservait une table d'amis. Ils essayaient de recréer le cercle de Washington. Son discours des Nations unies ne restera pas dans l'histoire, mais Dominique fait jouer son charme, sa grandiloquence. Il est totalement double. Il a un côté diabolique, et un autre complètement séducteur. Ce qui a sûrement plu à Edwy Plenel.

Après « Son Discours », Dominique s'est senti pousser des ailes. Il a bousculé tout ce qui avait bougé avant. Et il a gardé son mépris suprême pour les élus et la presse. Ce qui aboutit, par exemple, au blocage du Contrat première embauche parce que son entêtement est proportionnel au refus de la concertation, ou d'écouter les autres. Il n'a pas voulu être candidat aux élections. Il a toujours refusé le suffrage universel. Il n'est pas allé au charbon, tout en voulant tirer les marrons du feu. Il a cru à un démarrage en côte, dans l'espoir que Nicolas Sarkozy et Ségolène Royal s'effondreraient tous deux. L'avenir n'est à personne, sire…

Il est né à Rabat, puis il a fréquenté le lycée français de Caracas et, par la suite, a été scolarisé en Californie, quand son père travaillait pour Saint-Gobain. C'est un fils de grand expatrié. Il a une méconnaissance totale des préoccupations des Français. Sa vraie nature, c'est un peu la bagarre en cour de récréation. L'idée, c'est d'enfermer Chirac dans sa crainte du monde extérieur. Quand les affaires judiciaires ont éclaté, il est parvenu à convaincre le président de s'isoler. Pour se rétablir après 1997, il est presque en partance pendant six mois. Chirac le garde. Il va gérer la cohabitation avec Olivier Schrameck, son alter ego à Matignon. À eux deux, ils gèrent le rapport de forces Chirac-Jospin. C'est lui qui a empêché Alain Juppé de nommer Lionel Jospin ambassadeur pendant sa traversée du bac à sable en 1993-1994. À l'Élysée, Dominique de Villepin a créé un groupe de travail sur les affaires judiciaires. Dominique et moi nous déjeunions ensemble deux fois par mois entre 1995 et 1997. Il a décidé de tenir Jacques, Bernadette et Claude sur ces affaires-là. Il s'est informé sur leurs secrets. Un jour, il a fait venir le chauffeur Jean-Claude Laumond et lui a dit : « Jean-Claude, à partir de maintenant vous venez me voir cinq, dix minutes tous les jours et vous me racontez tout. » Il sentait bien qu'il y avait des sujets sur lesquels il n'avait pas d'influence. Il s'est pris pour la synthèse de Talleyrand et de Fouché. Malheureusement pour lui, il n'est ni l'un ni l'autre. Concernant le mouvement, il n'a rien pu faire. Il a essayé de me mettre des bâtons dans les roues quand j'ai fait élire Michèle Alliot-Marie à la présidence du RPR, le 5 décembre 1999. Le lendemain, il m'a téléphoné pour me féliciter. Après c'est Chirac qui m'a téléphoné. Dominique avait totalement retrouvé son influence sur le grand. Il avait ramené Nicolas Sarkozy par la porte de service, ce qui, quand on y pense aujourd'hui, est quand même extravagant. Pourquoi ? Parce qu'il n'a aucune culture historique du mouvement. Pierre Mazeaud ou Renaud Muselier ont marché dans la combine, se demandant où trouver le pouvoir. Pour y parvenir, qui voir ? Dominique. Philippe Séguin est le seul à avoir compris que c'était une erreur, malheureusement il a pété les plombs.

Abandonnant les méthodes bonapartistes en vigueur, Philippe Séguin avait mis en place un nouveau système de désignation du président du RPR par un vote des militants au suffrage universel. Dominique de Villepin était perdu et soutenait un peu Nicolas Sarkozy, qui assurait la direction par intérim. Dans cette période, il a fait croire à Chirac que non seulement il allait le débarrasser des « forbans » d'autrefois, Alain Juppé et Jean Tiberi, mais qu'il l'aiderait à se débarrasser des escrocs d'aujourd'hui, Dominique Strauss-Kahn, la Mnef, etc. Il a mis sur pied son fameux cabinet noir à ce moment-là. Ses relais policiers étaient assez forts : Philippe Massoni à la préfecture, Yves Bertrand aux Renseignements généraux... Dominique de Villepin a fait du bureau du secrétaire général de l'Élysée non pas celui des corps constitués de l'État, mais un lieu d'influence. Il s'est fabriqué des obligés. Sous la première cohabitation, Philippe Massoni était directeur de cabinet de Robert Pandraud. Auparavant, c'était un fonctionnaire chargé de l'intendance, dans le XIIIe arrondissement. Tombé dans l'escarcelle de Charles Pasqua, il devient préfet de police de Paris en 1993. Sur le tard, Chirac l'a réutilisé pour contrer Philippe Séguin à Paris. Villepin lui avait promis un poste d'ambassadeur au Vatican, mais Philippe Massoni n'obtiendra qu'un poste de conseiller à l'Élysée.

En 2001, les élections parisiennes ont été le point culminant des règlements de comptes de Dominique de Villepin. J'ai été moi-même alors exclu du RPR pour avoir soutenu Jean Tiberi. J'étais à la terrasse d'un café. Dominique de Villepin est venu vers moi pour me saluer. J'ai refusé de lui serrer la main. « Tu ne vas pas me serrer la main, lui ai-je dit. Après tout ce que tu as balancé aux juges, aux journalistes. Si ton objectif était d'avoir Delanoë à la mairie, eh bien je te félicite : tu l'as. » Au lieu de pacifier la droite à Paris, par exemple avec un accord de deuxième tour entre les listes Séguin et Tiberi, il a préféré tirer dans le tas. Ce n'est pas ma conception de la vie politique. Je suis peut-être trop clanique et sûrement très naïf. Marie-Christine Domange en témoignera.

Dominique de Villepin a voulu récupérer tous les réseaux d'autrefois, ceux de Jacques Foccart, de Charles Pasqua, de Robert Pandraud, de la justice. C'est un récupérateur. Parce qu'il espère se fabriquer des réseaux à lui. Bruno Lemaire, son directeur de cabinet, est le maître d'œuvre de l'opération. Dominique de Villepin recase scrupuleusement ses hommes. Pierre Mongin a été nommé à la tête de la RATP, Anne-Marie Idrac à celle de la SNCF. Dominique de Villepin, il lui manque une seule chose, c'est d'être propriétaire d'un parti comme avant lui François Mitterrand, Chirac et, aujourd'hui, Nicolas Sarkozy ou Ségolène Royal. Comment peut-il s'obstiner dans l'idée qu'il ne sert à rien d'être élu ? Qui peut sérieusement espérer le pouvoir sans passer par l'élection, à moins d'espérer un coup d'État… Étreindre l'ailleurs ! Comme Michel Jobert.

Les notes du général Philippe Rondot, dévoilées au public à l'occasion de l'affaire Clearstream, montrent bien cette face cachée de Dominique de Villepin. Il a ce génie des diplomates qui consiste à utiliser les forces et les faiblesses des uns et des autres, les secrets. L'utilisation des services de police, de la justice, de la presse. Les amis transversaux. À son arrivée au secrétariat général de l'Élysée, quelque chose s'est fêlé. Il a pensé qu'il fallait être avec lui ou contre lui. Qu'il était le patron de tout le monde. C'est un chef de bande. Il s'est fâché à mort avec Maurice Gourdault-Montagne. Il a du mépris pour Jérôme Monod. Il a écrabouillé Maurice Ulrich. Il y aurait du Chirac chez Dominique de Villepin s'il avait fait l'effort d'aller se faire élire. Mais il ne s'est pas aperçu qu'il était déconnecté de la France réelle. Donc il fait des bêtises. Tout ministre peut faire des bêtises. Sa force reste son culot avec son souffle de marathonien. Mais en définitive, aura-t-il été le chef de la majorité ? Non. Aura-t-il été seulement le chef du gouvernement ? Même pas. Une vraie armée mexicaine ce gouvernement, avec Philippe Douste-Blazy d'un côté et Jean-Louis Borloo, un radical, de l'autre. Le vrai chef du gouvernement aura été Nicolas Sarkozy.

16.

Un livre trop sulfureux

Ce pourrait être un grand secret, comme l'histoire en compte tant. Mais aujourd'hui encore, les ingrédients de cette énigme sont trop sensibles pour que, du vivant des intéressés, quiconque ose manipuler les pièces de ce puzzle explosif. Imaginons un historien du prochain siècle. Il enquête en bibliothèque sur Chirac, un président d'une vieille république oubliée de tous ses contemporains. À la façon des historiens d'aujourd'hui, qui rédigent des livres entiers sur les maîtresses de Louis XIV, l'impuissance de Louis XVI ou un amant de Marie-Antoinette, cet historien du siècle prochain tombera sur un sacré élément concernant les origines de Chirac. Il écrira, au conditionnel, mais il l'écrira, que Chirac n'était vraisemblablement pas le fils de sa mère. Les faits ? Ils sont brutaux. Selon le journal intime d'une des amies de Marie-Louise Chirac, la mère de Jacques, celle-ci ne pouvait plus avoir d'enfant. Dix ans avant la naissance de ce dernier, Marie-Louise Chirac avait eu les trompes ligaturées après la perte d'une petite Jacqueline. Comment aurait-elle pu, dix ans après l'opération, enfanter le petit Jacques ?

J'ai appris cette histoire début 2001. À cette époque, j'étais dans ma phase Tiberi, conseillant Jean et Xavière face à la montée des attaques. Tous les jours, j'entendais Xavière Tiberi marmonner contre Chirac, son côté « lâcheur », pestant contre son caractère d'« enfant gâté ». « Avec tout ce que Jean a fait pour lui » était une des phrases fétiches de cette digne Xavière lâchée par tous les siens. À table, mon interlocuteur, bien introduit dans les médias, me demande pourquoi, moi aussi, j'ai été « lâché » par Chirac. Et il poursuit en affirmant que « tout petit, Chirac était un enfant gâté » et me parle d'un « livre interdit ».

« Qu'est-ce que c'est que ce truc ? Un livre sur Chirac a été interdit et je ne suis pas au courant ? » Je tombe des nues. Comme quoi, depuis 1996, le secret avait été rudement bien gardé. « Le bouquin s'appelait *Jacques Chirac, les vertes années du président*... C'est Villepin et Claude qui ont orchestré sa mise au pilon avant qu'il ne soit sur les tables des librairies. J'ai un des cinq exemplaires qui ont circulé dans Paris, je te le prêterai. »

Le livre est là, devant moi. Au centre de la couverture, un peu floutée aux coins, en noir et blanc, une photo de Chirac adolescent, en chemise blanche, le col relevé, cheveux gominés en arrière, en train de ramer dans une barque. Peut-être est-ce une fille, sur le lac du bois de Boulogne, qui a pris la photographie… Non, son visage est trop jeune, ce doit être sa mère qui tenait l'appareil. Le titre du livre, *Jacques Chirac, les vertes années du président*, en lettres vertes, barre la couverture sur fond blanc. Dessous, en capitales noires : « Journal intime de Marguerite Basset, présenté par Michel Basset » et le nom de l'éditeur, Filipacchi. Le texte de la quatrième de couverture est clair : « D'où viennent le conformisme de Jacques Chirac et son absence de convictions propres, dont il ne s'est jamais départi tout au long de sa carrière et qui l'obligèrent à avoir recours sans cesse à des mentors – Marie-France Garaud et Pierre Juillet hier, Charles Pasqua et Édouard Balladur ensuite et maintenant Alain Juppé ? Pourquoi se complaît-il dans des attitudes de roi fainéant, qui faute d'idées personnelles se repose entièrement sur le maire du palais ? La clé de ce comportement, Michel Basset la livre en publiant le journal intime de sa mère – aujourd'hui décédée – qui avait été rédigé au cours de la longue amitié qu'elle entretint avec Marie-Louise et François Chirac, les parents du président. »

Je me pince pour le croire. En octobre 1996, c'est la date du dépôt légal, la maison Hachette-Filipacchi de Jean-Luc Lagardère a cru qu'elle allait publier un livre pareil, alors que Chirac avait été élu moins de deux ans auparavant ! Quel directeur de collection avait pu oser publier un truc pareil ? Quel kamikaze ? « Ce document est le témoin attentif de l'enfance et de l'adolescence de Jacques Chirac, poursuit le texte de la quatrième de couverture. Chacun sait que c'est dans cette période de la vie que se déterminent les grands traits de caractère qui marquent le destin de tout homme, et rien ne peut mieux expliquer la psychologie du président que la lecture de ce journal. » La suite du texte est dans la même veine : « Enfant, Jacques Chirac fut élevé par une mère qui continua de le couver même au-delà de son mariage, alors que son père lui inculquait une éducation des plus strictes, croyant ainsi compenser cet amour débordant et exclusif pour tenter de lui forger un caractère d'homme, de vainqueur… Ils obligèrent leur fils à un conformisme de pensée qui étouffa en lui toute velléité de révolte. Ce fut une éducation utile, où il ne fallait surtout pas s'encombrer de culture en dehors d'aide-mémoire et de cours polycopiés nécessaires à la réussite universitaire. Ces carences culturelles l'empêchèrent de se forger des certitudes personnelles. »

La présentation est un peu rude. Pas très fine. Mais après tout, il faut bien vendre le livre, cet énigmatique journal d'une amie d'enfance de Mme Chirac mère, « présenté par son fils ». Mais rien, dans cette quatrième de couverture, n'évoque le grand secret dont mon ami m'a parlé. Il faut plonger dans le journal pour tomber sur ces deux pages incroyables. À la date du 2 mars 1938, Marguerite Basset rapporte une conversation qu'elle a eue la veille avec Marie-Louise Chirac qui l'a empêchée de dormir. Marie-Louise lui a raconté la naissance de sa fille Jacqueline, et comment « un mauvais rhume dégénéra en une broncho-pneumonie foudroyante qui leur enleva leur petite fille ». Malade de chagrin, au propre et au figuré, Marie-Louise contracta alors une septicémie. « Sur son lit d'hôpital, elle n'arrêtait pas de demander à Dieu de lui permettre de rejoindre au ciel sa petite fille. Quand on lui appliqua un masque de chloroforme, elle s'endormit, indifférente à tout ; à peine si elle aperçut, comme dans un brouillard, Abel qui discutait avec des chirurgiens. À son réveil, Abel lui tenait la main, mais elle avait si horriblement mal dans le bas-ventre qu'elle ne pouvait s'empêcher de gémir ; Abel essayait de la consoler, sans oser lui dire que le chirurgien lui avait ligaturé les trompes. Quand elle l'apprit, elle se mit à sangloter des jours et des jours, n'oubliant sa douleur physique que dans le désespoir de ne plus pouvoir enfanter. »

L'opération eut lieu dix ans avant la naissance de Jacques. « Dix ans après, elle se trouva miraculeusement enceinte », poursuit Marguerite Basset, racontant la suite du récit que lui a fait Marie-Louise. Le gynécologue avait été « stupéfait » par cette grossesse. « Les précautions prises pour garder l'enfant » avaient conduit Marie-Louise à venir accoucher dans une « clinique parisienne renommée ». « Mon Dieu ! écrit Marguerite Basset dans son journal. J'ai beaucoup de mal à croire à cette trop belle histoire !… Cette histoire de clinique parisienne renommée alors que toutes ses attaches étaient en Auvergne me paraît bien étrange pour un modeste employé de banque. Mais, même si Jacques n'est pas un enfant de sa chair, même s'il a été adopté, elle est tellement exclusivement, intensément mère de ce petit garçon que cela n'a aucune importance ! Alors que je ne lui demandais rien, pourquoi s'est-elle laissée aller à ces confidences si maladroitement arrangées ? En tout cas, je me serais bien passée d'un secret ou d'un doute aussi lourd à porter. »

Est-ce pour éviter que la France entière partage à son tour ce « doute » que l'Élysée a fait pression pour que ce livre soit pilonné en octobre 1996 ? C'est hautement probable.

Comment s'est déroulée la mise à mort du livre de Michel Basset ? Je vois mal Chirac appeler directement Jean-Luc Lagardère sur un sujet pareil. Au départ, la maison Filipacchi a dû croire qu'elle faisait un bon « coup » d'édition en révélant un Chirac en culottes courtes. Pas méchant. Après tout, la démarche est plutôt « people ». Genre *Gala* ou *Paris Match*. Et puis le journal de Marguerite Basset fourmille d'anecdotes gentillettes sur le « petit Jacques ». « Mon Dieu, comme il a dû souffrir ! Mais comme il a été courageux », écrit-elle (page 51) pour décrire le comportement de l'enfant après une otite. Plus loin (page 59), c'est le petit « Jackot » qui dit, à la façon du miroir de Blanche-Neige, que sa mère « est la plus belle de toutes ». Le 16 mars 1939, Jacques va dormir pour la première fois hors de chez lui. Marguerite Basset rapporte presque émerveillée qu'il lui faut son pyjama et surtout une brosse à dents de marque Gibbs et du dentifrice Vademecum. Un peu plus loin, lors d'une partie de colin-maillard, Jacques pousse son jeune voisin, qui a les yeux bandés, dans l'escalier. « C'est pas de ma faute, c'est la faute à "bouboule" qui n'a pas vu l'escalier ! » s'était défendu Jacques avant de recevoir une « paire de gifles en plein visage » (page 99). En grandissant, selon Marguerite, le jeune Chirac serait devenu une petite peste, un enfant gâté supportant mal la contradiction. Le 10 juillet 1946, elle le décrit à table : « Il parle en mangeant la bouche ouverte, crache son gras, a des lèvres graisseuses et, surtout, n'arrête pas de rouler en boule sa mie de pain. » Le jeune homme se prend un coup de manche de couteau sur les doigts de la part de son voisin de table, Georges, un ami de la famille. Le père Chirac « intervient alors comme un fauve qui défendrait son lionceau : "Georges, laisse-moi donc ce gamin tranquille." » Analyse acide de Marguerite Basset : « Ou il est idiot, et quelle importance plus tard qu'il mange comme un cochon, ou il est intelligent et, en les regardant, il finira par manger aussi bien que les marquises qu'il fré quentera » (page 160).

Mises bout à bout, les anecdotes finissent par aonner une image peu flatteuse du garçon. Il est couvé et n'est pas très attachant. Sur les conseils de son père, il s'embarque un été sur un bateau, pour se « forger le caractère », à destination des États-Unis. Il signe l'appel de Stockholm contre la prolifération des armes nucléaires... En refermant ce récit de Marguerite Basset, on se dit qu'il aurait pu s'intituler « une enfance ennuyeuse ». Chirac est sans famille. Sans cousins ni cousines avec qui s'amuser dans un bois, à la plage, ou au fond d'un jardin. Le petit est enfermé dans un huis clos entre son père, souvent absent, sa mère, morose, une poignée de voisins et quelques camarades, les enfants des amies de sa mère. Bonjour tristesse avant l'heure…

J'imagine sans peine comment Claude Chirac et Dominique de Villepin ont dû être agacés à la lecture de ce livre. À cause du profil psychologique du président qui en ressortait, c'est certain. Mais y avait-il matière à faire disparaître l'ouvrage ? Et puis qui aurait-il intéressé ? L'interdiction d'un livre est un acte suffisamment rare et dangereux pour que l'on ne s'y risque pas sans avoir longuement réfléchi. Dans le petit milieu parisien du faubourg Saint-Germain où chaque secret vaut de l'or, c'est courir le risque de voir l'ouvrage diffusé sous cape, de dîner en dîner, et lui fournir une audience qui dépasse largement le nombre limité d'acheteurs potentiels du livre. La famille Mitterrand, début 1996, a fait interdire le livre du Dr Gubler, qui révélait, quelques jours après la mort du président, qu'il était malade depuis 1981, ce que tout Paris savait déjà : elle a ainsi « crédibilisé » l'information… Le texte a été mis en ligne, à l'initiative d'un libraire de province. Et quelques jours après l'annonce des poursuites judiciaires, quarante mille exemplaires du *Grand Secret* s'étaient déjà arrachés.

Pour que l'interdiction d'un livre soit efficace, il faut d'abord être sûr que cela se fera en douceur. Dans le secret le plus total. Quand en octobre 1996, sept mois après l'interdiction du livre du Dr Gubler, les Chirac voient arriver le « grand secret » de Marguerite Basset, ils vont réagir avec force et discrétion. C'est à mes yeux la signature d'une action pilotée par Villepin. Derrière son image de gendre idéal, élégant et bien élevé, incapable de faire du mal à une mouche, celui qui n'est pour l'heure que le super-majordome de l'Élysée est en réalité assez brutal. Pas étonnant qu'il ait opté pour la méthode forte contre le livre de Michel Basset.

Le livre sera retiré des tables des librairies sans que personne n'en sache rien. L'opération ne peut avoir été conduite qu'avec l'appui direct de la direction de Matra-Hachette où Dominique de Villepin garde de solides soutiens. En 1995, c'est sûrement lui qui décroche son téléphone pour régler cette « affaire Basset ». Reste une question qui me taraude aujourd'hui encore. S'il a dû être facile de bloquer la diffusion du livre, comment avoir empêché Michel Basset lui-même de parler ?

Après avoir lu le livre interdit en 2000, j'en ai parlé à deux journalistes. Éric Zemmour, du *Figaro*, est venu me voir parce qu'il rédigeait un livre sur Chirac. Quand je lui ai raconté l'histoire, il est tombé de l'armoire comme moi. Sur mes conseils, il est allé voir Michel Basset. De ses rencontres, il en a tiré un roman à clé, *L'Autre*, sur la personnalité de Chirac. Mais impossible de comprendre, pour un non-initié, que la trame de

L'Autre reposait sur le grand secret du journal intime de Marguerite... Il manquait encore le décodeur. Quelques mois plus tard, j'ai parlé à Sophie Coignard, toujours à la recherche de secrets, de l'affaire Basset. Malgré son haut niveau de connaissance du microcosme politique et littéraire, elle aussi est tombée des nues. Elle a foncé voir l'ami d'enfance. Elle en est revenue avec des convictions. Mais pas de livre... Michel Basset est mort à la Toussaint 2004. Avec lui, une part d'ombre de Chirac s'est définitivement éteinte.

17.

Les ennuis du prince Malko

« Je suis heureux pour Jacques Chirac que son immunité constitutionnelle interdise tout acte de poursuite à son égard, on a toujours dit qu'il a la baraka ! J'espère qu'il n'ignore pas que les services de police et les magistrats ne cessent de questionner les uns et les autres sur les éventuelles instructions qu'il pourrait avoir données à ses collaborateurs. » En mai 2006, Michel Roussin ne cache pas son amertume en terminant son autobiographie très justement intitulée *Le Gendarme de Chirac* après onze années de procédure, quatre mois de procès et une condamnation dont il a fait appel. Michel Roussin doit tout à Chirac. En 1974, ayant déjà servi sous Jacques Chaban-Delmas puis Pierre Messmer lorsque nous prenons nos fonctions à Matignon, il nous sert de guide dans la maison. Passé par le commandement militaire de l'Élysée, la garde républicaine, les services spéciaux (le SDECE), puis la direction de la gendarmerie, le capitaine Roussin a rejoint Matignon en 1972. Il s'est souvenu de notre arrivée avec Chirac comme d'un « débarquement ».

Michel Roussin était déjà chargé des affaires spéciales et du renseignement et rendra hommage à Chirac pour avoir interdit la mise sur écoutes téléphoniques des syndicalistes, des journalistes et des hommes politiques. À Matignon, il venait parfois se détendre un peu au bureau de presse où je travaillais. On se retrouvait aussi pour blaguer jusqu'à plus soif à la popote. En 1976, Chirac l'a propulsé sous-préfet, directeur de cabinet du préfet d'Indre-et-Loire. Il n'avait pas quarante ans. Je suis allé le voir à Tours avec ma femme. Puis Alexandre de Marenches l'a fait revenir à Paris pour en faire son chef de cabinet au SDECE, où il a couvert bien des opérations spéciales jusqu'à l'arrivée de la gauche au pouvoir, en 1981. Durant cette époque, j'appartenais au cabinet du ministre des Affaires étrangères et je le recevais régulièrement avec le directeur de cabinet. Quand il quitte Alexandre de Marenches, il est alors récupéré par la Compagnie générale des eaux friande, comme la Lyonnaise, d'intermédiaires bien informés sur l'Afrique et le monde. Entre-temps, j'avais rejoint la Lyonnaise.

Nous nous sommes revus lors d'un week-end à Bruges avec nos épouses. Michel Roussin s'est alors lié d'amitié avec Henri Proglio – futur patron de Veolia – et Antoine Zaccharias – futur dirigeant de Vinci. La Compagnie générale des eaux, fine mouche, l'a utilisé dans ses négociations avec l'Hôtel de Ville. Alors que je travaillais au Sénat, je l'ai revu un matin au Berkeley, avenue Matignon. Il m'a confié qu'il n'en pouvait plus des stations d'épuration et du traitement de l'eau… Je lui ai répondu : « Fais comme moi : va voir Chirac ! Va à la mairie ! » C'est ce qu'il a fait et, en 1983, il s'est installé à l'Hôtel de Ville, comme conseiller technique au cabinet. Puis Robert Pandraud l'a fait monter directeur adjoint du cabinet du maire. En 1986, Michel Roussin est donc tout prêt à suivre Chirac à Matignon. Il devient chef de cabinet du Premier ministre, l'un des rares à pouvoir pousser la porte de son bureau sans frapper, dès 8 heures moins le quart. Il surprend ainsi un jour Jacques Toubon farfouillant dans les affaires de Chirac. Sa gestion depuis Matignon de l'affaire des otages du Liban le rend un peu célèbre. Il avait quitté Matignon comme capitaine de gendarmerie, revient comme chef de cabinet, puis directeur adjoint dix ans plus tard. Michel Roussin doit énormément à Chirac, et le président partage avec lui de grands secrets.

En décembre 1986, la nuit de la mort de Malik Oussekine, nous prenons la route d'Orly, où un avion nous attend pour nous conduire à Dakar. Nous sommes près de quarante à partir en voyage. Tous les anciens camarades de classe de Roussin au lycée Lyautey de Rabat sont là. Jean-Philippe Huchard, l'ancien cancre de sa classe, Jean-Claude Buchaillard, Jean-Marie Viou et André Azoulay, qui va devenir confident du roi Hassan II et conseiller spécial de Mohammed VI. Arrivé à l'aéroport, Michel Roussin reçoit un appel. Et lorsqu'il raccroche, c'est pour nous annoncer qu'il ne viendra pas avec nous. « Le Premier ministre m'a demandé de rester », nous annonce-t-il. L'embarquement ne s'interrompt pas pour autant. Annick, la femme de Michel, prend en charge les amis de son mari lors du voyage. Nous partons en croisière. Un bateau, le *Bou-el-Mogdad* du commandant Console, a été loué tout spécialement pour remonter le fleuve Siné Saloum, au Sénégal.

Jean-Philippe Huchard, un gai luron de 120 kilos, est notre voisin de cabine. Il nous expose sans fin ses projets affairistes. Il a un bureau au coin de l'avenue de Friedland. Il me demande de lui trouver des industriels de la crevette et d'aider son fils qui vend du champagne. Lorsque Michel Roussin revient, en 1988, à la mairie de Paris comme directeur de cabinet, Jean-Philippe Huchard et ses amis tentent de créer un nouveau courant d'affaires autour des marchés publics de la région. Secrétaire général du groupe RPR au Sénat, maire de Bois-Colombes, je suis également conseiller régional d'Île-de-France. Jean-Philippe Huchard insiste pour me présenter Christine Lor, qui n'est autre que la fonctionnaire chargée des marchés pour la rénovation des lycées, à la région. Il offre de me présenter aussi Gilbert Sananès, patron d'un bureau d'études qui a obtenu, par dérogation, la coordination des marchés publics. Comme on l'apprendra lors du procès des marchés truqués de la région Île-de-France, Jean-Philippe Huchard est en butte à d'autres négociateurs proches du RPR et solidement installés sur Paris et sa région : en particulier le promoteur Jean-Claude Méry.

L'ami de Michel vient également me trouver pour me présenter Jean-François Roverato, le patron d'Eiffage. Peu à peu, je comprends les jeux d'influence de l'ami d'enfance de Michel. Dans cette période d'affaires pour la gauche et la droite, Jean-Philippe Huchard était un ouvreur de portes comme il s'en trouvait beaucoup. Il a bien failli faire plonger Michel Roussin, qui est un homme parfaitement intègre.

De 1989 à 1993, Michel est devenu tout-puissant. Sa fidélité de militaire l'a propulsé directeur de cabinet du maire de Paris, où il s'occupe de tout. Il passe me voir au Sénat. Je suis celui qui a amené José María Aznar, alors à la tête de l'opposition conservatrice espagnole, aux journées parlementaires du RPR à Arcachon, en septembre 1989. J'avais sympathisé avec lui quelques années plus tôt pendant mes vacances, lorsqu'il n'était encore qu'un jeune président de région. Il a fait un fantastique discours à Arcachon. Jean-Claude Decaux avait demandé à Michel Roussin s'il connaissait Mansano, le maire de Madrid, qui était un proche de José María Aznar. Michel Roussin lui avait répondu : « Moi non, mais Probst connaît Aznar. » C'est ainsi que j'ai fait le voyage de Madrid, avec Michel Roussin et Jean-Claude Decaux. L'homme des Abribus nous attendait à l'aéroport de Toussu-le-Noble. Nous sommes montés dans un petit avion. Il était déjà à l'intérieur. Et sur place nous avons été accueillis par son fils, Jean-Charles Decaux, qui s'était installé à Madrid pour conquérir des marchés. Felipe

González était Premier ministre. Jean-Claude Decaux essayait d'aller autant vers les socialistes que vers les conservateurs, mais moi je lui amenais José María Aznar. La seule chose que j'ai faite, mais à leurs yeux c'était déjà considérable, a été d'organiser un grand déjeuner autour du maire de Madrid. Jean-Claude Decaux essayait d'avoir le marché des Abribus, des horloges et des grands panneaux publicitaires. Moi j'étais assez gêné en découvrant ce personnage assez primaire, rustre, peu cultivé, rentrant dans le vif sans précaution : le *money maker* par excellence. Au moment de décoller, une grève des contrôleurs aériens nous interdit de remonter sur Paris. Michel Roussin était attendu le lendemain soir à Viennc tandis que Jean-Claude Decaux et son fils voulaient rejoindre leur chasse à Colombey-les-Deux-Églises. Je les ai donc accueillis chez moi à Saint-Jean-de-Luz où ils ont dormi tous les trois. Quelque temps plus tard, José María Aznar est devenu Premier ministre et Jean-Claude Decaux a obtenu des concessions en Espagne.

Le but de Michel Roussin était d'aider Jean-Claude Decaux à travailler. Ce dernier était le plus reconnaissant. Lorsque j'ai quitté le Sénat, en février 1992, il m'a employé durant quelques mois. Jean-Claude Decaux a pu faire des affaires grâce à moi à New York, à Prague et en Espagne. Mais pendant toute cette période, celui qui profitait le plus de lui c'était Chirac. Michel Roussin gérait au plus près les relations du maire de Paris avec quelques grands chefs d'entreprise amis.

À l'Hôtel de Ville, il organisait tout : le protocole, les rendez-vous, le double secrétariat, les relations avec les entrepreneurs, les diplomates, les présidents africains. Il avait fini par s'identifier au maire, petit à petit. Son fou du roi, c'était Pierre Charon. Et sa bête noire, c'était Pierre Lellouche. Michel Roussin a supplanté Maurice Ulrich. À l'époque, les Villepin, les Gourdault-Montagne n'existaient pas encore. Le patron de l'Hôtel de Ville, c'était lui. Son passage par les services secrets lui permettait d'être toujours très bien informé. Pour Chirac, c'est précieux. Je le surnommais prince Malko, du nom du héros des SAS. Souvent on se disait : « Tiens, Michel est parti pendant trois jours mais on ne sait pas où. » Lorsqu'il allait à Libreville, il rentrait par Zurich, et prenait un train de deuxième classe qui arrivait tard dans la nuit, gare de l'Est. Mystère…

Le désamour Roussin-Chirac survient avant les élections de 1993. De retour d'un voyage de Chirac à Rabat qu'il avait organisé, Michel Roussin avait, on l'a vu, appris incidemment de la bouche du maire qu'il le mutait. Je l'ai retrouvé quelques jours plus tard, un matin, aux Deux-Magots, le col ouvert, pas rasé. Il m'a dit, livide : « Tu te rends compte de ce qu'il m'a fait, il m'a annoncé mon départ sans ménagement. » Il était désemparé. C'était le début du processus de mise à l'écart de Michel Roussin et de Pierre Charon. On lui a donné une circonscription en or : le VIIe arrondissement, celle d'Édouard Frédéric-Dupont. C'était évidemment un remerciement pour services rendus. Michel était le seul qui connaissait la totalité des secrets concernant Laurence, Claude et Bernadette. Il suivait, nuit et jour, la vie des Chirac. Les premiers froids entre Michel Roussin et Chirac coïncident aussi avec les fâcheries entre Jean-Claude Méry et Jean-Philippe Huchard. Peut-être Chirac a-t-il agi par réflexe, pour se protéger. À l'époque, Michel voulait créer à Paris un consortium des neuf majors du bâtiment et des travaux publics, avec bureaux sur les Champs-Élysées, et en devenir le secrétaire général, avec un bon salaire ainsi qu'une voiture de fonction. Je comprenais. Il avait soixante ans. Dans ce micmac, il n'a pas compris que Jean-Philippe Huchard représentait un danger, et que Jean-Claude Méry avait une grande capacité de nuisance.

De son côté, Charles Pasqua avait le sentiment que Michel Roussin jouait plusieurs jeux. On s'en est aperçu en 1993, quand après avoir obtenu le portefeuille de la Coopération dans le gouvernement Balladur, il s'est mis à jouer le jeu du Premier ministre plutôt que celui de Chirac. Avec le président du RPR, Michel Roussin avait l'impression d'être un peu le chambellan du maire, alors que chez Édouard Balladur, on lui donnait le sentiment d'être traité d'égal à égal, c'est-à-dire très bien par Brice Hortefeux et Nicolas Sarkozy, et amicalement par Nicolas Bazire. Édouard Balladur ne l'appelait pas « mon petit Michel », mais lui disait « cher ami ». Ministre de la Coopération, ce n'est pas rien… Michel Roussin a alors été rattrapé très vite par les affaires parisiennes. On murmurait qu'il pourrait être mis en cause dans l'affaire des HLM de Paris. Il ne s'est pas inquiété outre mesure. Pourtant, le 9 novembre 1994, alors qu'il présidait le sommet franco-africain de Biarritz aux côtés de François Mitterrand, il a appris que le juge Halphen envisageait de le convoquer en vue de sa mise en examen. Le magistrat a trouvé ses initiales, « MR », figurant à côté d'une somme de 260 000 francs dans un carnet de Jean-Claude Méry. Il est accusé. Il sera blanchi. Mais entre-temps, il doit rentrer à Paris et démissionner. Les témoins se rétracteront et il pourra prouver qu'à la date de la remise de la somme à « MR », il régatait au large de Saint-Tropez.

D'autres personnages sont emportés par l'enquête. Louise-Yvonne Casetta était l'interlocutrice de Michel, rue de Lille. On peut dire que devant la justice, elle a porté le chapeau le plus large. C'est une dame que je respecte beaucoup. Elle a fait le job qu'on lui demandait de faire : gérer le coffre-fort. Et comme dit Armelle Laumond – l'épouse du chauffeur de Chirac – avec précision, certains soirs, il fallait donner des coups de pied dans le placard pour bien le fermer parce que les liasses de billets de 500 francs étaient trop volumineuses. Louise-Yvonne Casetta gérait au mieux. Je l'ai croisée quand elle tenait la trésorerie de la campagne présidentielle de 1995, avenue d'Iéna. Ensuite je l'ai rencontrée quand j'étais chez Alain Juppé à Matignon. Je l'ai invitée à déjeuner, Chez Rosine, rue du Mont-Thabor. Elle se plaignait d'être devenue une pestiférée.

Ses tentatives de contacts, à l'Élysée et à Matignon, tant avec Dominique de Villepin qu'avec Maurice Gourdault-Montagne avaient échoué. On lui avait fait répondre que l'on n'était plus responsable pour ces faits. J'ai alerté en haut lieu à son sujet. Il fallait faire quelque chose pour elle. Louise-Yvonne Casetta n'avait pas fauté. Elle n'avait pas volé. Elle s'est retrouvée recasée grâce à Chirac, et lui seul. Chez Havas. On était mal conseillé. Tous ceux qui prétendaient gérer le dossier, Francis Szpiner, Jean-Claude Antonetti, Jean-Michel Roulet, ne géraient rien du tout. Les trésoriers n'ont pas été courageux. Les secrétaires généraux n'ont pas été convenables. En créant le RPR, nous avons sûrement fait bien des erreurs, mais nous avions une âme de soldat, une âme de militant, au service de De Gaulle, Pompidou ou Chirac. Les successeurs ont commencé à louvoyer.

Le coffre-fort, c'était Casetta, mais aussi Patrick Stéfanini, Éric Woerth et Camille Cabana. Quand Michel Roussin faisait ses grandioses opérations depuis la mairie de Paris, le secrétaire général Camille Cabana était bien évidemment présent. Les uns et les autres ne devraient pas se plaindre de Chirac. Ils ont tous été faits sénateurs ou députés... Après avoir été sénateur, Camille Cabana fut président de l'Institut du monde arabe. On n'avait rien à attendre de Jean-François Mancel, pas plus que de Jacques Rigaud, ancien colonel du SDECE, devenu trésorier adjoint.

Ce colonel, Michel Roussin nous l'avait amené en 1976 au RPR, quand j'étais directeur de cabinet de

Jérôme Monod. Roussin m'appelle : « Tu sais, il y a un type que tu devrais prendre, un colonel… » Je vois arriver un tout petit monsieur d'environ quarante ans. Il voulait être partout. Je lui avais confié le courrier. Il voulait une investiture. Entrer chez Dassault. Finalement, il était parti au Nigeria s'occuper d'un barrage pour une grosse boîte de BTP. À son retour, il m'a demandé d'entrer au Quai d'Orsay. Puis, on me l'a annoncé au service action du SDECE. J'étais très incrédule. Plus tard, il m'a expliqué avoir conduit l'opération Barracuda qui a renversé Jean-Bedel Bokassa. Il se faisait sûrement mousser. Jacques Rigaud n'était pas Bob Denard. Quelques années plus tard, en 1988, alors qu'il avait disparu de la circulation, il est apparu dans l'organigramme du RPR, comme trésorier adjoint aux côtés de Jacques Durand, mais en réalité il était le trésorier opérationnel, Louise-Yvonne Casetta étant placée sous ses ordres en qualité de secrétaire comptable. Yves Cabana et Jacques Rigaud, les deux chefs du RPR, se payaient des gueuletons aux Ambassadeurs, l'un des trois étoiles les plus chers de Paris. Michel Roussin a réinstallé Jacques Rigaud et a peu à peu élargi les missions de Louise-Yvonne Casetta. En matière de financements, on ne parlait que de Michel et de Louise-Yvonne. On commet tous des erreurs.

Au moment de l'enquête sur les emplois fictifs, Alain Juppé était comme un canard devant un compteur Geiger. Il aurait pu avoir une stratégie d'aveux en 1998.

Faute avouée est à moitié pardonnée. Il aurait sûrement été condamné plus légèrement, au lieu de cela il s'est infligé l'opprobre de la presse pendant trois ans et la sanction des juges en première instance. L'exil. Merci Jacques Rigaud. Merci à Yves Cabana et aux conseillers juridiques du parti. Il y avait une autre défense, suggérée par François Mitterrand : l'honneur. « C'était moi. » Cela n'avait de sens que si Chirac obligeait Robert Galley et Jacques Boyon à dire : « Ce n'est pas Casetta, c'est moi. » « Si je n'étais pas allée voir Vergès, je passais la fin de mes jours en prison », m'a dit très justement Louise-Yvonne Casetta. Ensuite, l'objectif c'était elle et Alain Juppé. Jacques Rigaud a travaillé trois ou quatre ans rue de Lille et il ne se souvenait plus de l'adresse ? Même chose pour Jacques Boyon. Et Robert Galley, ancien ministre, compagnon de la Libération ! Il ne risquait rien. Il aurait pu dire la vérité. Non. J'ai compris le jour de sa déposition pourquoi cet homme avait représenté la France à Bangui, le jour de la grotesque cérémonie de sacre de l'empereur Bokassa. C'était le personnage approprié.

Tout ce qu'il a eu, Michel Roussin le doit à Chirac. Casquette de préfet, directeur de cabinet au SDECE, député, ministre. Et on peut ajouter vice-président du groupe Bolloré, parce qu'il n'aurait pas été capable d'apporter l'Afrique à Vincent Bolloré si Chirac ne l'avait pas envoyé faire la tournée des présidents de Dakar à Abidjan, Yaoundé, Libreville et Lomé dans les années où il était le maître de l'Hôtel de Ville. Il doit aussi à

Chirac un vilain passage : garde à vue, perquisition, prison. Il en a été très affecté. Et puis personne ne l'a aidé. Les seuls à lui avoir tendu la main sont Gérard Longuet et son beau-frère, Vincent Bolloré. Sans oublier Pierre Haïk, son avocat. Chirac est resté bras croisés. Mais pendant ce temps, Dominique de Villepin a essayé de le « tuer », en faisant en sorte que l'affaire devienne une affaire Roussin, et non plus une affaire Chirac-Roussin. Les visites de Michel Roussin au président Chirac commencent en 1996-1997, lorsque les juges lui posent des questions. Dominique de Villepin est secrétaire général de l'Élysée. Il faut organiser la chanson. Peu à peu, Michel Roussin perd ses mandats. Après son non-lieu dans l'affaire des HLM de Paris, les affaires reprennent avec l'ouverture du dossier des lycées de la région Île-de-France. On ne parle plus que des scandales parisiens. C'est à ce moment-là que Bernadette Chirac a osé ce jugement d'une méchanceté absolue sur Michel Roussin : « Nous n'aurions jamais dû retirer ce gendarme de sa guérite. » Il est resté maire adjoint à la francophonie jusqu'en 2001. Il avait un bureau, participait aux cérémonies parisiennes. Il s'est rapproché de Nicolas Sarkozy. Mais il est très désabusé de la politique. Il sent le soufre. Et pourtant, quel soldat ! Respect à celui qui a su, malgré tout, conserver son sens de l'humour et son sens de l'amitié.

18.

Ses tyrans préférés

J'étais allé rendre visite à Philippe Faure, devenu le numéro deux de l'ambassade de France à Madrid. Peu avant le dîner, Philippe Faure m'avait prévenu qu'un de « mes amis politiques » serait présent. « C'est un très proche de Chirac : Patrick Maugein. Un Corrézien, trader de pétrole, il voit souvent Chirac à l'Hôtel de Ville, tu ne le connais pas ? » J'avais répondu non. Je ne l'avais jamais rencontré. Le Corrézien, un petit homme sec, nous avait parlé d'opéra pendant tout le dîner. J'avais appris que Roland Dumas, qu'il fréquentait également, venait souvent à l'opéra de Madrid. Puis il m'avait pris à part. « Je sais que vous êtes très impliqué au RPR, m'avait-il dit. Moi je fais des choses très invisibles. Je suis beaucoup au Gabon et au Congo pour Chirac. » Philippe Faure m'avait confié que Patrick Maugein prétendait amener beaucoup d'argent à Chirac. Insigne honneur, le maire de Paris l'avait fait nommer au conseil d'administration de l'Institut du monde arabe, dont

Camille Cabana, si proche des affaires de Paris, puis le compagnon Yves Guéna deviendront les présidents. Par la suite, très longtemps après, j'ai compris qu'il était très proche de Denis Sassou-Nguesso, d'Omar Bongo et de Paul Biya, le président du Cameroun. Il avait crû et embelli, allant jusqu'à racheter une société pétrolière cotée à la Bourse de Londres. Son nom est apparu publiquement dans différents dossiers judiciaires et, plus récemment, avant son décès en 2006, dans l'affaire « pétrole contre nourriture ». Il avait servi d'intermédiaire entre l'ancien PDG d'Elf, Loïk Le Floch-Prigent, son bras droit Alfred Sirven et Chirac. L'homme d'affaires s'était aussi invité dans l'affaire de l'expropriation de la mine d'or péruvienne de Yanacocha, conduisant Chirac à écrire des lettres officielles aux autorités péruviennes. Son introduction à l'Élysée n'était pas contestée. Mais l'affaire « pétrole contre nourriture » l'avait, dangereusement, fait apparaître comme l'un des contacts français des dignitaires irakiens. Lorsqu'il était maire de Paris, Chirac disposait de ses propres messagers, de sa propre diplomatie secrète. Il est encore difficile d'en percer les mystères.

Certains événements laissent plus de traces que d'autres. Ainsi Chirac a-t-il été le seul chef d'État occidental à se rendre aux obsèques d'Hafez el-Assad, le président syrien mort il y a quelques années. Bien sûr, ce geste n'était pas censé exprimer l'amitié personnelle du président pour le dictateur syrien ou ses proches.

Mais, peut-être pire, il marquait les relations privilégiées, amicales et chaleureuses, que l'ex-maire de Paris a longtemps entretenues avec le système syrien, ses autorités, ses services spéciaux, ennemis d'Israël et du Liban. Difficile de ne pas constater combien Chirac a été, durant trente ans, essentiellement anti-israélien. Seule une psychanalyse, peut-être, lui aurait permis de mettre au jour les ressorts profonds de son hostilité à Israël. C'est trop tard… Bien sûr, la politique traditionnelle de la France consiste à rechercher une solution de paix entre les deux parties. Mais la tendance fondamentale du Quai d'Orsay est restée elle aussi celle de l'avant-guerre, antisioniste et, osons le reconnaître, assez proche de l'antisémitisme. Le prix à payer en a été une politique d'amitié avec les principaux tyrans de la région. Saddam Hussein en tête.

Étonnante diplomatie que celle de Chirac : il a ignoré les obsèques du seul président africain qui n'avait pas été un dictateur, Léopold Sédar Senghor. Fallait-il lui rappeler que Léopold Sédar Senghor avait été membre de l'Académie française, poète de la négritude, ministre de la IVe République, avant de devenir le père de l'indépendance du Sénégal ? Qu'il avait eu une mère française ? Comprenons Chirac : il n'y a pas de pétrole au Sénégal. Ce n'est qu'un pays riche en arachide. Cette défection du président français a été vécue comme une insulte par beaucoup, et en particulier par les nombreux Sénégalais qui vivent et travaillent en France. Léopold Sédar Senghor a de surcroît passé ses dernières années en Normandie. On aurait pu espérer que Chirac fasse le geste de raccompagner, selon la tradition, le corps de l'ancien président en Afrique. Mais il ne s'est même pas déplacé pour s'incliner devant sa dépouille. Une messe a seulement été célébrée, un mois plus tard, en l'église de Saint-Germain-des-Prés, en présence des nombreux amis de Senghor.

Du côté des Émirats arabes unis, Chirac a fait l'effort d'assister aux obsèques du cheik Zayed. Là encore, il est inutile d'essayer d'en tirer une signification politique. La réalité est plus sèche et cruelle : dès qu'il s'agit de la défense des intérêts de Dassault ou de Total et d'Elf, les valeurs de la République sont à relativiser. Ce calcul manque, évidemment, d'intelligence. Certains ont pu ressentir la même déception en imaginant François Mitterrand fréquenter René Bousquet. Ou en observant la fausse amitié coupable de Chirac avec les présidents gabonais et congolais Omar Bongo et Denis Sassou-Nguesso.

Dans les années quatre-vingt, je me souviens de Chirac quittant précipitamment l'Hôtel de Ville, escorté par son directeur des relations internationales. Ce dernier me murmurant au passage : « On va chez Bongo »… Tout était dit ou presque. Des valises vides étaient déposées dans le coffre de la voiture. Le chauffeur Jean-Claude Laumond se voyait prier de mettre le turbo. Le grand Jacques s'en allait déguster la galette du roi, dans un hôtel particulier du VIIe arrondissement, rue Valentin-Huy, propriété d'Omar Bongo. Délicieuse galette : un petit goût d'Elf, un parfum de Cogema, des effluves forestières, et des pépites précieuses en guise de fève.

Au début des années soixante-dix, Chirac n'appréciait pas Bongo. Lors de l'agonie de Léon M'Ba, de Gaulle et Jacques Foccart avaient pressenti qu'il fallait trouver un petit président pour ce grand pays de cinq cent mille habitants qu'était le Gabon. Leur attention s'était portée sur Albert-Bernard Bongo, de Franceville, un fonctionnaire, une sorte de Villepin gabonais en moins poète. Omar Bongo n'avait été choisi que pour le pétrole et sa soumission aux intérêts d'Elf. S'apercevant que le pays regorgeait d'uranium, Chirac a compris plus tard le parti qu'il pouvait tirer d'Omar Bongo dans son rôle de Caligula des tropiques. Fréquentant les membres de l'Opep, le président gabonais a choisi d'abjurer la foi chrétienne apprise chez les bons pères et de se consacrer corps et âme à l'islam. Omar Bongo s'est fait abstinent, jurant de ne plus boire une goutte d'alcool, de répudier le porc et surtout de lapider la femme adultère. Allez savoir pourquoi, il est resté plus modéré concernant le vol, le cambriolage, le chantage, ou la corruption. Avec Omar Bongo, Georges Pompidou, Valéry Giscard d'Estaing, François Mitterrand et Chirac ont bu le calice des pétrofrancs et des rétrocommissions. Leurs envoyés spéciaux ont tiré profit de l'exploitation des forêts, mines et autres gisements gabonais. Le pays approchant aujourd'hui le million d'habitants, le président Bongo distribue encore ses largesses bien que, selon les experts, la manne pétrolière sera sûrement tarie d'ici 2010.

Sous Georges Pompidou, Bongo avait eu carte blanche pour investir dans l'or blanc de la station de sports d'hiver Isola 2000. Albert Bernard avait également été chaudement encouragé par Jacques Foccart et les nombreux conseillers français travaillant au palais du bord de mer de Libreville à investir à Paris et en Île-de-France dans l'immobilier de rendement, de luxe ou carrément, pour ses plus proches, de très haut standing. François Mitterrand et Roland Dumas ont favorisé aussi l'engouement d'Omar Bongo pour les placements parisiens. La banque Lazard, la Compagnie générale des eaux ou le groupe Suez l'ont orienté vers le développement d'un impressionnant capital mobilier et immobilier à Paris, mais aussi en Suisse. La réception d'Omar Bongo à Matignon a été un événement pour Chirac qui voulait mieux connaître celui que de Gaulle et Jacques Foccart avaient mis en piste. Celui que Georges Pompidou avait fréquenté. Il allait devenir le meilleur ami, toutes catégories confondues, du président gabonais, jusqu'à en gagner le surnom, affectueux, de Bongolito. Inversement, le plus grand, le plus généreux, le plus désintéressé des donateurs pour Chirac et son rassemblement reste Omar Bongo. Chirac a très vite saisi l'ahurissante nature du deal qu'il pouvait passer avec le président gabonais.

N'étant plus Premier ministre, il s'est servi de la mairie de Paris pour développer ses relations avec l'Afrique. D'abord à travers les Africains travaillant à Paris – i.

y en avait déjà beaucoup à la Ville de Paris –, puis avec l'Association internationale des maires francophones, ce qui a été un coup de maître qui lui a permis de fréquenter tous les chefs d'État des pays francophones d'Afrique noire, de les recevoir à Paris et de leur rendre visite dans leur pays.

Le mouvement gaulliste jouait son rôle. Dès le 5 décembre 1976, beaucoup d'ambassadeurs d'Afrique noire ont assisté au congrès fondateur du RPR. Grâce à Jacques Foccart, nous avons repris en main une partie des relations franco-africaines dans le cadre du RPR. C'est avec les présidents des pays pétroliers que les liens ont été les plus forts. Chirac a fait des gestes vis-à-vis de Félix Houphouët-Boigny, mais sans construire de relations étroites. Félix Houphouët-Boigny était un vieux renard politique qui oscillait, prudemment, entre la gauche et la droite, malgré l'ami Foccart.

Avec le beau-père d'Omar Bongo, Denis Sassou-Nguesso, les relations de Chirac n'ont pas suivi le même cours harmonieux. Denis Sassou-Nguesso ayant été renversé par un coup d'État démocratique, il s'était persuadé que les Français, et Chirac tout particulièrement, l'avaient abandonné au profit de Pascal Lissouba. Denis Sassou-Nguesso avait été consterné par l'accolade affectueuse et fraternelle de Chirac à ce dernier en juillet 1996. Le cahier d'écolier consignant de prétendues remises d'argent à Dominique de Villepin a donc achevé de lui ouvrir les yeux. Mais Denis Sassou-Nguesso n'est pas rancunier. Il déverse à nouveau des sommes faramineuses sur les partis politiques français et leurs équipes dirigeantes.

Dans les années soixante-dix, celui que certains journalistes du *Canard enchaîné* surnommaient encore « Facho Chirac » n'avait rien d'un adepte du fascisme, même si ses comportements expéditifs pouvaient le faire croire. Pierre Juillet et Marie-France Garaud avaient enseigné à leur poulain qu'il était urgent de rétablir les ordres anciens et essentiel de mettre un terme à toutes les tentatives angéliques – de leur point de vue – d'établissement d'une « nouvelle société » voulue par Jacques Chaban-Delmas. Georges Pompidou malade, ses chers ministres, Valéry Giscard d'Estaing aux Finances, Michel Jobert au Quai, Robert Galley aux Armées, et Pierre Messmer à Matignon, avaient déjà pour priorité des priorités de vendre des armes à ces Arabes si riches en pétrodollars, d'obtenir du pétrole moins cher et en quantité pour nos usines. Il leur fallait entreprendre, exporter, installer nos entreprises à l'étranger. Ayant ses meilleures introductions et ses soutiens les plus actifs à l'Élysée, le ministre de l'Intérieur, Chirac, était déjà au carrefour de toutes les informations. Il allait pouvoir fréquenter, et aimer, bien des grands chefs charismatiques. À l'époque, le Premier ministre Pierre Messmer poussait l'engagement jusqu'à se déplacer au Plazza Athénée saluer le colonel Kadhafi, quand ce dernier n'envisageait pas de se rendre à l'hôtel Matignon pour y être reçu. Pétrole et diplomatie munichoise obligent, la politique arabe de la France tendait vers la compromission. Colonne vertébrale souple, déférence envers les leaders du sable et des pétroles, compensation, chantages et espérances, Chirac a appris la leçon. En trente ans, il multipliera les actes d'allégeance, les discours de flatterie et d'obséquiosité, et les vœux de longue vie à des dictateurs.

En 1976, la rencontre obscène du Premier ministre avec Nicolae Ceaucescu, sous les regards admiratifs des journalistes Jacqueline Chabridon et Henri Chapier, n'a pas honoré la politique internationale de la France. Que dire de la course à l'amour fou que se livraient alors Chirac et Valéry Giscard d'Estaing en direction du dictateur irakien Saddam Hussein ?

Dès 1975, Chirac osait dire que Saddam serait le de Gaulle du Proche-Orient. Son objectif était de fournir des voies ferrées, des trains, des avions, des armes et des missiles ainsi qu'une centrale nucléaire au pouvoir irakien. Cette année-là, rien n'était trop beau pour que Chirac honore le « grand ami » Saddam Hussein : à Paris, à Versailles, au Quai d'Orsay, à Cadarache, aux Baux-de-Provence, et même à Sarran, en son château de Bity ! Livraison assurée, et contreparties attendues. « Saddam Hussein est le Hitler du Proche-Orient » avait pourtant annoncé haut et fort le combattant suprême et président tunisien Habib Bourguiba. Les journalistes français étaient priés de détourner la tête lorsque Chirac faisait escale à Bagdad pour finaliser les affaires alors qu'ici et là en Irak des corps d'opposants kurdes et chiites pendaient au bout des cordes. Saddam était, prétendait-on, un humaniste doublé d'un laïc.

Les diplomates, hauts fonctionnaires, conseillers du Premier ministre, Serge Boidevaix, Michel de Bonnecorse et Maurice Courage, avaient transformé le Quai d'Orsay en une officine de vente par correspondance. Ils étaient aveuglés comme leurs mandants par le scintillement des promesses de pétrodollars. Exit nos grandes valeurs républicaines : liberté de la presse, libertés politiques, liberté et droit à l'existence pour toutes les communautés, sans distinction de race et de religion. Par cette relation directe avec Saddam, Chirac avait l'impression de damer le pion à Valéry Giscard d'Estaing. Et l'espoir, pas extravagant, que le dictateur saurait lui renvoyer l'ascenseur. Chirac voyait une « communauté de culture » entre l'Irak et la France, entre le parti Baas et le RPR. Saddam ne pouvait que s'en féliciter. Quoi que l'on ait pensé de l'intervention militaire américaine en Irak, on ne peut manquer de voir dans le fameux discours de Dominique de Villepin devant l'ONU un ultime signe d'amitié adressé au dictateur. Dieu ait son âme.

19.

Le complexe de Sarkozy

Il m'agace. Il est parfois inquiétant. Depuis 1975, du haut de ses dix-huit ans, il n'a pas du tout changé. Toujours aussi agité, secoué de tics. Incapable d'écouter. Trop pressé. Trop impatient. Trop arrogant. On dit de Nicolas Sarkozy qu'il est l'héritier de Chirac. Rien n'est plus faux. Chirac aime rester à table. Il aime le vin, sait faire parler un bon bordeaux aussi bien qu'un minervois passable. Il sait rouler la gorgée de vin dans la bouche, faire retomber le verre lentement, et laisser quelques secondes aux molécules d'alcool pour atteindre le cerveau. Là il parle, explique que le vin est bon, et fait sourire toute la table en partageant son plaisir. J'entends encore Chirac, dans la voiture, se frottant les mains de plaisir, annoncer le menu du déjeuner : « Allez Jean-François, on va se faire un bon chou farci arrosé d'un petit côtes-du-rhône. » Nicolas picore. Il est toujours pressé à table et n'y prend aucun plaisir. Il n'a jamais l'air dans ses habits. Il s'ennuie vite. Et puis les gens lui font peur. Il lui a toujours manqué ce côté province qu'incarne si bien Chirac et qu'incarnait aussi François Mitterrand. Nicolas Sarkozy a toujours habité les beaux quartiers à Paris et Neuilly et n'a jamais passé ses vacances que dans les cités balnéaires pour Parisiens que sont La Baule, Deauville et Arcachon. Comment, depuis les palaces de ces villes-dortoirs pour citadins, peut-on savoir ce qu'est la France ? Comment, candidat à l'élection présidentielle, peut-on passer son dernier été de ministre de l'Intérieur à traverser le bassin d'Arcachon entourés de jet-skis de la police et, surtout, en ayant fait venir le cuisinier du ministère ? Nicolas sait-il au moins faire la cuisine ? Va-t-il encore faire des courses comme tout le monde ? Connaît-il le prix du pain, d'un litre de lait, ou même d'un verre de rouge au zinc d'un bistrot ? Depuis l'été 2006, et ces deux ou trois détails rapportés dans les journaux, notamment son Noël en Suisse, ma conviction est faite : Sarkozy n'aura pas la moindre chance d'être élu par plus d'un Français sur deux, s'il ne fait pas l'effort de changer *vraiment*.

Lui ne s'en rend pas compte. En politique, le candidat est souvent comme ces canards, courant encore la tête coupée. Il faut du temps pour que les signaux d'alerte traversent les rideaux protecteurs de l'entourage et parviennent aux oreilles de l'intéressé. Ce qui tue le plus Nicolas, ce sont les sondages. Autre immense différence d'avec Chirac, qui s'en est toujours passé. Nicolas Sarkozy est démantibulé par les sondages. Il se shoote avec. Pierre Charon, son monsieur média, que je connais lui aussi depuis trente ans, quand il a fait la campagne de Jacques Chaban-Delmas en 1974, se pique aux sondages. Il double aussi les doses avec les scores d'audimat que lui communiquent les chaînes au moindre passage de Nicolas. « Tu te rends compte, Jean-François, Nicolas a fait 6 millions de personnes hier soir sur TF1. C'est énorme. » Mais cela change quoi ? Autres gifles pour Nicolas, ses voyages en Afrique. Au Bénin, des députés ont refusé de dîner avec lui ! Un camouflet terrible. « Heureusement », les journalistes du voyage n'ont guère évoqué l'incident. Même revers au Mali. En ce début 2007, peut-il seulement aller dans une cité de banlieue ? Il n'a pas hésité à croiser le fer avec les jeunes de ces quartiers. Il les a défiés, se plaçant à leur niveau, comme un chef de bande lui aussi. Nicolas a commis beaucoup d'erreurs. Il les payera au prix fort. François Mitterrand et Charles Pasqua ont utilisé une formule voisine pour le décrire : « Celui qui trahit une fois trahira toujours », dit Charles. « Un garçon doué pour trahir, mais cela ne suffit pas », a dit François Mitterrand. « Sarkozy et Villepin, je les verrai tous les deux dans la même flaque de sang », peut résumer Chirac.

La première fois que j'ai rencontré Nicolas Sarkozy, c'était en 1975, quand j'étais au service de presse de Matignon. Huit millions de francs de l'époque avaient été débloqués sur les fonds secrets pour organiser un grand meeting des jeunes gaullistes au Bourget. Je gagnais 3 200 francs par mois et c'était une grosse somme ces 8 millions. Marie-France Garaud avait décidé ce meeting pour donner à Chirac une image un peu plus « jeune » et « moderne ». Nicolas Sarkozy a pris la parole pour une courte intervention. Je le revois : un jeune minet de Neuilly exactement comme dans la chanson de Dutronc. Mocassins Weston, chaussettes écossaises, la mèche bien rangée. Il avait plus l'air d'un jeune giscardien que d'un jeune gaulliste. L'image de jeune loup des quartiers chic lui a collé à la peau, malgré les harangues du vieux jeune Alsacien Robert Grossmann.

L'année suivante, pour la création du RPR en 1976, il fallait trouver un délégué aux jeunes. Charles Pasqua a proposé Nicolas Sarkozy, qui appartenait alors à son écurie des Hauts-de-Seine. Jérôme Monod, patron du parti, n'en voulait pas. « Non Charles, Neuilly ce n'est pas une bonne image jeune pour un mouvement populaire. » Ils se sont écharpés pendant plusieurs jours, mais Jérôme Monod, et de là date sa bisbille avec Nicolas Sarkozy, n'en démordra jamais. C'est finalement un type présenté par Yves Guéna qui a été choisi. Un obscur militant dont personne n'avait jamais entendu parler. Il ne restera délégué jeune que quelques mois, jusqu'à la visite au RPR d'un policier, sympathisant RPR, qui est venu nous prévenir de nous méfier… Jérôme Monod est tombé de l'armoire, et m'a demandé de m'en occuper, il ne voulait plus entendre parler de lui ! C'est moi qui ai dû gérer le dossier. Une des premières « affaires » du RPR, qui n'avait que trois mois d'existence. Notre délégué jeune n'avait rien trouvé de mieux que de recruter des filles sur petites annonces pour leur proposer des jobs de mannequins. Quelques-unes s'étaient plaintes à la police et une enquête avait été ouverte. Je l'ai reçu. Je lui ai conseillé de rembourser les plaignantes et d'aller faire de la politique ailleurs. Une fois le poste libéré, Nicolas Sarkozy a fait une retape du diable pour récupérer le bureau vacant ! Il est venu me voir au RPR avec son complice de toujours, Brice Hortefeux. Ces deux-là étaient inséparables. Autant Nicolas Sarkozy était déjà agité, autant Brice Hortefeux était timide... Il rougissait sans cesse et m'appelait « monsieur Probst » en regardant ses mocassins. Ils étaient étudiants tous les deux et ils voulaient militer à temps plein. Je leur ai répété que Jérôme Monod préférait un provincial et ne voulait pas entendre parler d'eux.

Là encore, il n'a pas cédé. « On ne peut quand même pas mettre un bourgeois de Neuilly à la jeunesse, Charles, vous pouvez le comprendre, trouvez-nous plutôt un jeune de chez Ricard. » Jérôme Monod a gagné. Chirac a choisi Gérard Kuster, un jeune de Franche-Comté, militant de longue date, issu d'un milieu populaire et employé modeste. Sarkozy Nicolas n'a pas désarmé non plus. Un mois après, il a organisé un petit meeting à Neuilly, avec des banquiers, des militants locaux, Achille Peretti, le maire, ancien président de l'Assemblée nationale, Charles Pasqua et, en invité d'honneur, Jérôme Monod. La soirée, en présence de deux cents militants, s'est bien passée… Nicolas avait fait un petit discours bien amené. « Vous voyez Jérôme, ai-je dit à Monod dans la voiture de retour, ce jeune Sarkozy, vous avez eu tort, il est bien… – Il ira peut-être loin, mais ce n'est pas un provincial, et puis je me demande s'il est fiable », répliqua mon interlocuteur qui, à l'évidence, n'avait pas apprécié le jeune Nicolas. « Chez Pasqua, poursuivit Jérôme Monod, il y a quelque chose que je respecte, Jean-François, c'est le sens de la famille. » Une phrase à double sens comme il les adore. Au pied de la lettre, rien à redire. Mais en creux, ce « sens de la famille » donnait une coloration très « corse », disons, à cette famille-là. Il faut voir les photos de Charles Pasqua de l'époque. On comprend tout. C'est bretelles, costumes à rayures et look Lino Ventura. Achille Peretti était encore un « monsieur » qui faisait peur. À Neuilly, il avait un rituel : il se promenait un jour par mois dans la ville avec son gros chien et son petit carnet. Il notait tout. En rentrant à la mairie il dictait un rapport à sa secrétaire. Et les services municipaux devaient se mettre en quatre pour rectifier au plus vite tout ce qu'il avait constaté… Bonne gestion.

Comme Chirac, Nicolas, encore tout petit en politique, n'a pas hésité à s'attaquer à des poissons plus gros que lui. Et à mordre. En 1977, pour les législatives, la bande des Corses avait décidé de sortir Florence d'Harcourt, l'ancienne suppléante d'Achille Peretti. Cette femme très bien avait pourtant décidé de se présenter à sa succession. L'ordre est venu de Chirac de faire une place à Robert Hersant qui voulait une circonscription sûre.

Chirac et Jérôme Monod ont été misérables avec Florence d'Harcourt. Son sort devait être réglé au cours d'un comité central du RPR mémorable. Jacques Toubon était délégué aux élections et passait en revue la liste des candidats désignés. Quand il est arrivé à Neuilly, il a indiqué que Robert Hersant avait l'investiture. Florence d'Harcourt a appris en direct qu'elle était remerciée. Une gifle. Ils l'ont décapitée en public juste avant de lever la séance. Elle est restée sans voix, et c'est là que dans le public, alors que Chirac était en train de se lever pour quitter la salle, une petite dame a demandé la parole. « Vous ne pouvez pas partir comme ça ! Vous êtes des lâches ! » Elle est montée sur sa chaise devant tous les barons médusés. « Compagnons, vous êtes gaullistes, je suis une ouvrière d'une chocolaterie du Nord, et nous n'allons pas laisser cette circonscription de Neuilly à un capitaliste… dont on ne sait pas très bien ce qu'il a fait pendant la guerre, alors que Florence d'Harcourt, elle, n'a jamais démérité ! Est-ce que c'est parce que c'est une femme ? Vous, M. Debré, qui avez été Premier ministre du Général, toi, Jacques, tu ne peux pas… Je ne connais pas Florence d'Harcourt, elle est éloignée de mon milieu social, mais je veux être son premier soutien. »

Dans la salle, il y eut un immense brouhaha. La petite dame a fouillé dans son sac et je crois qu'elle a trouvé un billet pour la campagne de sa favorite. Chirac a repris la parole et a dit qu'il « réservait » le dossier, ce qui voulait dire qu'il gelait la situation. Robert Hersant, qui n'était même pas inscrit au RPR, a quand même eu l'investiture.

Nicolas a été chargé de faire la campagne de « monsieur Robert », avec son copain Brice. Florence d'Harcourt s'est maintenue. Pendant toute la campagne, *Le Figaro*, qui appartenait au groupe Hersant, n'a jamais mentionné son nom. Elle a été exclue du RPR par la commission que l'on appelait « la commission de la hache », dirigée par le très nerveux Patrick Devedjian. *Le Figaro* publiait régulièrement des sondages bidon disant que Robert Hersant était en tête. Nicolas s'est démené comme un beau diable, pourtant son candidat a été battu à plates coutures. Il a fait 8 % au premier tour. La première campagne électorale de Nicolas Sarkozy s'est ainsi soldée par un fiasco mémorable.

Florence d'Harcourt a été réélue député en 1981, preuve qu'elle faisait bien son travail. Mais en 1986, Charles Pasqua l'a liquidée d'un trait de plume grâce au scrutin proportionnel... de Mitterrand.

Juste avant 1981, j'étais coordinateur au QG de campagne, et je ne cessais de recevoir tous ceux qui avaient des idées. Nous faisions croire que l'on allait gagner la présidentielle. Nous savions tous que nos chances étaient nulles. Je voyais arriver Nicolas presque tous les jours. Il avait du temps. Je lui avais fait une lettre de recommandation au nom du mouvement pour un piston en or à l'armée. Il faisait son service dans l'armée de l'Air, à Balard. C'était la meilleure planque de la République. Comme les autres pistonnés, il pouvait faire à peu près tout ce qu'il voulait. Il rôdait donc beaucoup rue de Lille. Je travaillais alors pour Jean François-Poncet, le ministre des Affaires étrangères. Nicolas Sarkozy est venu me supplier un jour de l'inviter à un des déjeuners du ministère. « Jean-François, mets-moi en bout de table. » C'est aussi l'époque où il était copain avec les « fils de ». Il s'est ainsi lié d'amitié avec le fils Barre puis avec le fils Decaux, le fils Lagardère, le fils Bouygues… Ce n'était pas si bête. Un jour il est venu m'annoncer son mariage avec une parente d'Achille Peretti. Socialement, il faisait coup double. Il entrait dans la famille de celui dont il briguait déjà secrètement la succession. Et il devenait un peu corse par alliance, son clan de l'époque. Charles Pasqua a d'ailleurs été son témoin de mariage. Signe qui ne trompe pas, Nicolas a donné à son premier fils le prénom du fils de Charles : Pierre.

Jusqu'en 1983, Nicolas a fait tout ce qu'il fallait pour être toujours aux côtés d'Achille Peretti sur la photo. Il s'est dépensé sans compter à Neuilly. C'était sa période messes des dimanches matin, à arpenter les rues de la ville avec son grand cartable rouge. Brice Hortefeux était toujours dans son sillage. Nicolas, je crois, avait aussi son boulot d'avocat. En revanche, je me suis toujours demandé de quoi Brice vivait… En 1983, aux municipales, Nicolas est devenu septième adjoint de la ville. Puis le ventricule gauche d'Achille

Peretti a tout bousculé. Ses obsèques ont été grandioses, avec un avion spécialement affrété pour emmener tout le monde en Corse. On connaît la suite. Nicolas n'a pas hésité, avec son copain Patrick Balkany, à souffler la mairie à Charles… Chirac est-il secrètement intervenu ? Je le crois. Il a appelé deux ou trois conseillers municipaux de Neuilly pour les sonder. C'était l'époque où, dans l'entourage de Chirac, on a commencé à trouver à Charles Pasqua un mauvais genre. Bernadette la première. Chirac en tout cas n'a pas bougé pour exclure Nicolas du RPR. Et le « petit » a pris la mairie. Bernard Pons, qui était secrétaire général du RPR, lui non plus n'aimait guère Charles Pasqua. En douce, ils l'ont donc torpillé. La preuve ? Les voix des élus du Centre national des indépendants sont toutes allées à Nicolas Sarkozy. Or le seul qui tenait vraiment les voix du CNI, c'était Chirac en personne. Charles a eu sa balle silencieuse. Il n'a rien vu venir. Il n'a même jamais su d'où le coup était venu, Jean-Jacques Guillet peut en témoigner. Un travail de pro. Jeanne, sa femme, nous a dit ce soir-là que plus jamais elle ne reverrait « ce petit saligaud », en parlant de Nicolas Sarkozy, mais Charles, lui, a eu l'intelligence de dire tout de suite que l'élection s'était faite avec son accord. Ils ne se sont quand même plus parlé pendant un moment. Mais la vie continue.

Sarkozy m'a appelé au Sénat un peu plus tard. « On doit pouvoir se réconcilier avec Pasqua », me dit-il en proposant un déjeuner. Je le vois arriver dans la grande

CX prestige d'Achille Peretti. Avec la voiture à rallonge la plus luxueuse de l'époque, il passe me prendre à Neuilly accompagné de Brice Hortefeux. En quelques semaines, le jeune Nicolas avait déjà beaucoup changé. « Je vous emmène déjeuner au Racing. » Il était devenu quelqu'un… Il a passé le repas à me dire que Charles Pasqua allait devoir lui « reparler ». Le semblant de réconciliation a eu lieu pour l'arbre de Noël de Neuilly en décembre 1985. Charles Pasqua était en plein dans les préparations des élections de 1986 et s'organisait déjà pour prendre la place Beauvau. Un appartement discret lui avait même été prêté par les frères Mimeran, au 33, avenue Foch, et il multipliait les rendez-vous secrets avec des policiers amis qui eux aussi préparaient le retour de la droite aux affaires. C'est là que Charles Pasqua m'a demandé ce que je pensais de cette invitation de Nicolas Sarkozy à l'arbre de Noël de Neuilly. « Charles, il faut que vous y alliez. » C'était Jacques Martin, le premier mari de Cécilia, qui animait le spectacle au théâtre municipal de Neuilly. Jeanne et Charles Pasqua sont arrivés, et se sont retrouvés, ni une ni deux, au premier rang avec les deux enfants Sarkozy sur les genoux. J'observais la scène depuis les coulisses avec Brice Hortefeux, qui en était rouge écarlate. On se demandait comment Charles Pasqua, impassible, prenait la chose. Tout d'un coup, il m'a fait signe, s'est débarrassé du gamin, et m'a dit qu'il avait besoin de téléphoner depuis la voiture. « Ah putain ! Jean-François, je n'en peux plus, j'ai peur que ce gosse me pisse dessus. » Il était furieux. « Ce Sarkozy c'est vraiment un mange-merde. À l'entracte, on serre des louches et on se barre. » C'est ce qu'il a fait. À l'entracte, il a parlé en corse avec Marie Sarkozy, il a salué Jacques Martin et a filé. Nicolas Sarkozy n'était plus sur son écran radar. Vendetta, plus tard, *pace i salute* !

Pour les législatives de 1986, Charles Pasqua m'a demandé d'installer son QG de campagne à Neuilly. Il y avait un ancien garage Austin avenue de Madrid, plutôt bien placé. Le propriétaire avait fermé en 1981 et il était proche de nos idées. Je lui ai fixé un rendez-vous discret dans le parking de l'avenue Foch, avec mon ami Michel Mauer, le patron de la Cogedim, en présence de deux fidèles, des soldats de Chirac. La Cogedim a toujours été très proche de Chirac et du RPR. En deux temps trois mouvements, l'affaire a été faite. Nicolas venait chercher ses affiches au QG, mais ne se mêlait de rien. Il est devenu simple conseiller régional, pas encore député, puisque le patron du département l'avait inscrit en position inéligible sur la liste. Il était toujours au purgatoire. Pour enterrer la hache de guerre Charles Pasqua l'a pris à son cabinet place Beauvau, en 1986. Pas rancunier, le nouveau ministre de l'Intérieur a ainsi permis à la famille Sarkozy de mettre un peu de beurre dans les épinards. Brice Hortefeux a eu droit à une voiture. C'est aussi cela la politique. Une montagne de petites gens et de petites choses, pour la cause.

À partir de 1988, Nicolas s'est rapproché de Chirac et a changé de parrain. C'est l'époque où Jacques Martin le gifle en mairie de Neuilly au sujet de Cécilia. C'est aussi l'époque où Nicolas a eu sa « love affair » avec Claude Chirac. Il est devenu le gendre idéal, le chouchou de la maison. Il est entré dans le premier cercle des Chirac. Du coup, Jérôme Monod, c'est un signe, a cru que le maire de Neuilly allait lui être enfin utile. Le patron de la Lyonnaise a tenté un rabibochage et est allé proposer ses services à Neuilly. Mais Nicolas Sarkozy a la mémoire longue. Jérôme Monod a pris la porte et la ville est restée cliente de la Compagnie générale des eaux. « Ce Sarkozy ne vaut pas un clou, on a perdu notre temps avec lui », m'a dit Jérôme Monod en revenant de ce rendez-vous. Mais en ce temps-là, à Neuilly, Sarko préférait fréquenter Jacques Attali !

Lors du putsch de Charles Pasqua et de Philippe Séguin, en 1990, Nicolas Sarkozy a choisi son camp. Il joue en défense, auprès de Chirac, avec Michel Roussin, Édouard Balladur et Alain Juppé. Celui qui a le culot d'appeler les députés et les militants un par un pour les menacer de représailles s'ils ne soutenaient pas Chirac, c'est Nicolas Sarkozy. Il sait jouer les durs. Brice Hortefeux est toujours dans son camp. Patrick Balkany, lui, reste dans le camp Pasqua, avec Didier Schuller. Normal qu'en 1993, quand Édouard Balladur, adoubé par Chirac, entre à Matignon, il offre à Nicolas Sarkozy le secrétariat d'État au Budget. C'est le portefeuille que l'on donne aux « jeunes qui montent ». De là se décident les contrôles fiscaux et s'apprend la politique côté finances.

Nicolas Sarkozy avait toutes les raisons de rester dans le sillage de Chirac. Mais la mécanique affective avec Claude s'est grippée. Peu importent les raisons. Et surtout, l'ami des fils Bouygues, Decaux et Lagardère a fait un mauvais calcul. Il a cru lui aussi que Chirac était mort.

Dès juillet 1993, Nicolas Sarkozy a donné sa consigne : « Plus rien pour Chirac, tout pour Balladur. » Ils sont tous devenus balladuriens. À l'époque je travaillais au cabinet de Michèle Alliot-Marie au ministère de la Jeunesse et des Sports. Nous sommes allés présenter notre budget à Bercy. Nicolas Sarkozy nous a fait attendre. Jean-Pierre Elkabbach, alors président de France Télévisions, est sorti de son bureau. Nous sommes entrés avec Michèle Alliot-Marie. Nicolas Sarkozy, entouré de ses hommes en gris de Bercy, nous a exposé le budget de façon magistrale. Il connaissait son dossier sur le bout des doigts, du pur Chirac, vingt ans en arrière. Impressionnant. Un cinoche parfait, avec des questions pointues posées à des membres de son cabinet qui ne savaient pas répondre, et lui finissant par donner la solution. Il découvrait le grand pouvoir : l'hélicoptère, le vaporetto de Bercy pour venir dans le centre de Paris en vedette rapide, l'avion des douanes… Il est devenu autoritaire, intempestif, intransigeant. Dès qu'il est en position de force, c'est le Nicolas Sarkozy arrogant qui ressort. Il devient cassant, et se fait facilement rouler dans la farine par une bande de courtisans qui ne le lâchent plus.

À cette époque, il a perdu le sens des réalités. Édouard Balladur était déjà président, puisque tous les sondages le disaient. Pourquoi voter ? J'ai été viré du cabinet de Michèle Alliot-Marie comme un laquais parce que j'avais osé dire la vérité sur Édouard Balladur et soutenir Chirac dans une interview à *L'Express*. Brice Hortefeux est venu chez moi et m'a dit : « Si tu bosses pour Chirac t'es mort... Même ton pote Pasqua on le tient par les couilles. Son fils, si on bouge, il est emprisonné en Belgique. » Je me souviens de la phrase dont aujourd'hui encore je ne m'explique pas le sens. Charles Pasqua, de fait, a soutenu Édouard Balladur dans les jours qui ont suivi cet entretien. J'ai dit que je pensais que leur Balladur ne valait pas un clou et on est restés fâchés. Je suis resté fidèle à Chirac. Nous n'étions pas nombreux.

Dans le bureau du Premier ministre, Charles Pasqua a dit à cette époque qu'Alain Juppé en personne allait demander à Chirac de se retirer. Édouard Balladur n'a finalement pas su s'attacher Alain Juppé. Il a également manqué Philippe Séguin qui, lui aussi, a enterré la hache de guerre avec Chirac. Pourquoi ces deux échecs ? Parce qu'Alain Juppé et Philippe Séguin, cela faisait, avec Nicolas Sarkozy, trois Premiers ministres possibles en cas de victoire. Or le poste était déjà promis. Nicolas voulait tout. Tout de suite. Cette campagne-là aussi, malgré les sondages, malgré TF1, malgré le groupe Hachette et ses journaux, s'est soldée par un fiasco. Lors d'un meeting entre les deux tours, Nicolas Sarkozy a été hué par les militants. Jacques Chirac, lui, est devenu président de la République, sans Nicolas ! Traversée du désert, pour Nicolas Sarkozy.

Il lui a fallu près de deux ans pour se faire de nouveau accepter par les Chirac. C'est Dominique de Villepin qui l'a fait revenir à l'Élysée. Puis comme numéro deux du parti derrière Philippe Séguin. L'ancien président de l'Assemblée nationale, incontrôlable, a claqué la porte en pleine campagne des européennes. Nicolas s'est retrouvé avec sur les bras la plus grande déroute de l'histoire du RPR : à peine 13,7 % des voix aux européennes.

Quand on y pense aujourd'hui, il aurait pu faire de ce gigantesque échec une immense réussite personnelle. Il n'était pas pour grand-chose dans la campagne, puisqu'il avait repris le flambeau après le départ de Philippe Séguin. Il pouvait aussi mettre l'échec de la liste sur le dos de l'Élysée. Le RPR était à la rue, en ruine, il lui suffisait de le prendre complètement, et de se poser en reconstructeur. Chirac a vu le truc. Il a aussi compris que ce scénario aurait fait de Nicolas Sarkozy un dangereux candidat pour la présidentielle de 2002. Nicolas s'est donc fait avoir comme un jeune bleu.

C'est Chirac en personne qui lui a fait passer la pilule. Du grand Chirac. Le président est bronzé ce jour de très grande opération : il rentre du Royal Palm. C'est un 14 septembre. « J'ai besoin de toi, dit le président à Nicolas Sarkozy avec lequel il scelle la réconciliation. Tu es le plus fort. Tu perds ton temps avec le parti, prépare-toi, j'aurais besoin de toi à Matignon. » Chirac est excellentissime dans ces grands numéros. Une opération en tête à tête comme il les aime. Ils sont face à face. « Séguin est un gros con. Il n'a pas de couilles. Poncelet avait raison, il m'avait dit qu'il ne valait rien. Tout le monde me suggère de pousser Delevoye au RPR, poursuit le président. Le parti ce n'est plus pour toi. Écris, voyage, prépare-toi. Tu seras mon prochain Premier ministre. J'en ai parlé avec Villepin. Il t'aime beaucoup. Juppé gère Bordeaux... Tiberi, regarde, je n'ai que des emmerdes avec lui à Paris. Toi, Nicolas, tu es comme mon fils, tu es celui qui me ressemble le plus. Je ne t'en veux plus. J'ai tapé Chaban. Tu as cherché à me taper. C'est fini. On tourne la page. »

Cela dure une heure. Chirac est irrésistible. Je l'ai vu faire cent fois. Il prend un élu local en fin de meeting. Il lui montre la lune. Le mec est aux anges. Chirac monte dans la voiture, claque la portière, et dit au bout de cent mètres : « Il a fait péter l'emmerdomètre, celui-là ! » Avec Sarkozy, il n'a pas retourné un élu local mais le résultat est le même. Sur le perron de l'Élysée, en sortant du bureau de Chirac, Sarkozy déclare qu'il a décidé de ne pas être candidat à la présidence du RPR. Il s'est fait avoir sans même s'en rendre compte. Avec anesthésie générale... Chirac a même dû lui promettre que s'il n'était pas en position lui-même, il pourrait être candidat en 2002 !

Ce jour-là, j'ai compris que Nicolas Sarkozy n'avait pas la carrure. Non seulement Chirac le sortait du jeu, mais il lui faisait endosser la défaite aux européennes. Le fusible consentant. Je l'ai appelé quatre jours plus tard pour lui dire que dans ces conditions, j'allais faire la campagne de Michèle Alliot-Marie pour la présidence du RPR. Il m'a répondu qu'elle n'avait aucune chance. Elle a été élue à la tête du parti et, depuis, propulsée au premier rang. Nicolas Sarkozy a laissé passer sa chance bêtement. Il s'est fait avoir comme tous les dauphins qui croient aux promesses de leur patron. Jacques Baumel, dans le genre, en a tué quatre, de Thierry Saussez à Patrick Ollier. Il leur a fait croire qu'il passerait la main au prochain tour... Mais le moment venu, il y avait toujours un empêchement. Et ses quatre dauphins ont perdu des années avant d'aller chercher un point de chute ailleurs. Il y a heureusement beaucoup de mairies à prendre. Mais l'Élysée, c'est autre chose. Il n'y en a qu'une. Nicolas Sarkozy a traîné. Il a fait quelques voyages avec Cécilia, a écrit son bouquin, *Libre*, et a hésité à partir travailler à New York. Puis il a fini par se persuader que les promesses de Chirac avaient de la valeur, qu'en cas de victoire de Chirac en 2002, il aurait Matignon.

Toute la mécanique s'est remise en route pour l'endormir. Chirac a compris que le jeune Nicolas était un affectif. Il l'a invité de nouveau à l'Élysée. Même Bernadette s'est mise à discuter avec Cécilia... qui incarne pourtant une grande partie de ce qu'elle déteste. Nicolas Sarkozy a cru qu'il avait réintégré la famille. Il a su rameuter tous les balladuriens quand Chirac en a eu besoin pour gagner l'Élysée une nouvelle fois.

En février 2002, Pierre Charon m'invite au Pichet, le restaurant de la rue Pierre-Charron qu'il affectionne. On nage en pleine lune de miel. « Tout est arrangé, jure ce fidèle de Nicolas Sarkozy. Roussin est d'accord, tout le monde est derrière Chirac et Nicolas sera Premier ministre. Même Villepin est avec nous. » En douce, à la même époque, Chirac donne des instructions à ses vrais fidèles – Jean-Louis Debré, Jérôme Monod, Roger Romani – pour créer l'UMP. Il sait que le parti sera dirigé par Alain Juppé pour que le « meilleur d'entre nous » puisse lui succéder. Au départ Nicolas Sarkozy est contre l'idée d'un grand parti de la droite, notamment à cause de sa haine pour Jérôme Monod, qui est à la manœuvre. Michèle Alliot-Marie est également réticente parce qu'elle sait qu'elle va se faire piquer le RPR. Personne n'a rien vu venir, mais Chirac avait deux coups d'avance. C'est l'époque où Nicolas Sarkozy parlait du président en l'appelant « Jacques ». Juste avant l'élection, j'ai dîné avec Charon dans un restaurant chinois de la rue Pierre-Charron, et la soirée s'est finie à la vodka congelée. Il était fou de joie. « Tout est plié, on a bien fait d'attendre. » Il distribuait déjà les postes de directeurs de cabinet dans les ministères, comme à l'époque Ballamou.

Dans la nuit qui a suivi l'élection, Chirac a changé ses plans. Avec Jérôme Monod, Dominique de Villepin et Bernadette, il a choisi Jean-Pierre Raffarin pour Matignon. Lors d'un voyage en province Bernadette l'avait trouvé « sympathique ». C'était leur réponse au score de Jean-Marie Le Pen. Une sorte de fausse ouverture. Et puis Chirac n'avait pas envie de se laisser emmerder par un Sarkozy à Matignon ! À 7 h 45, le lendemain matin, le nouveau président a appelé celui qui se voyait déjà à Matignon. Il lui a annoncé qu'il allait nommer Jean-Pierre Raffarin et qu'il lui proposait de prendre le ministère de l'Intérieur : « Tu seras le numéro deux du gouvernement. J'ai besoin de toi », lui a dit Chirac avec sa voix de président de tous les Français. Pierre Charon et ses amis sont une nouvelle fois tombés de l'armoire. Nicolas Sarkozy a eu un gros quart d'heure de passage à vide. Il a tout compris en une poignée de secondes... comme le gars qui revoit sa vie en faisant des tonneaux lors d'un accident de voiture. Pendant ce quart d'heure tragique, il a même hésité à y aller... Mais refuser Beauvau, c'était accepter l'exil de Neuilly et signer son arrêt de mort politique. « Je m'voyais déjà en haut de l'affiche », chante le petit Charles.

Nicolas Sarkozy a donc serré les dents et enfin réalisé qu'avec Chirac ce n'était qu'une question de rapport de forces. De là date aussi sa haine pour Dominique de Villepin. Dans la foulée Alain Juppé a pris la tête de l'UMP, taillée sur mesure. Quand finalement les juges ont obligé l'ancien Premier ministre à abandonner la politique pendant un an, il n'a pas laissé passer sa chance. « Je prends le parti ; quoi qu'il arrive, je les emmerde. » Chirac a ensuite asséné aux Français « Je décide, il exécute », en parlant de son ministre de l'Intérieur, futur patron de l'UMP. Il n'aurait pas été plus dur pour parler d'un membre de l'opposition. La guerre est devenue totale et l'ambiance à couper au couteau. Chirac adore ça. Il s'amuse à tordre le poignet de cet immense Sarkozy pour qu'il fasse exactement ce dont il a envie et ce qu'il veut. Il y a dans ce jeu pervers une forme de plaisir chez lui. Une sorte de jubilation.

Après Jean-Pierre Raffarin, Chirac a choisi Dominique de Villepin. Nicolas Sarkozy s'est fait rouler dans la farine à nouveau. Il s'est aigri et s'est enfermé dans une haine du Premier ministre que l'affaire Clearstream n'a fait que conforter. Dès lors, il a vu des complots un peu partout. À juste titre, il a enfin réalisé que le camp des chiraquiens ne lui ferait aucun cadeau et, le cas échéant, ne lui laisserait qu'un héritage encombré de dettes. On a du mal à réaliser ce qui les oppose aujourd'hui. C'est une haine familiale, comme un père et un fils qui ne se supportent plus. Nicolas Sarkozy sait que pour 2007, les derniers chiraquiens soutiendront plutôt François Bayrou ou Nicolas Dupont-Aignan. Jamais ils ne lui laisseront les clés. « Je verrai Sarkozy et Villepin dans la même flaque de sang. » Le Chirac de ces cinq dernières années est résumé dans cette seule formule. Mais l'Histoire dira enfin qui, à ces jeux, perd ou gagne. La France, dans tout cela ?

20.

Le conte japonais

Les Français sont friands de marivaudages. Ils ont adoré l'histoire de Mazarine, la fille cachée de François Mitterrand, comme ils avaient aimé, jadis, les chroniques de la vie des courtisanes de Louis XIV, de leurs aventures et de leurs enfants. Il est bien normal qu'ils fantasment donc aussi sur Chirac et sa tumultueuse vie privée. N'y aurait-il pas matière ? Ne leur cacherait-on pas, encore, quelque heureux événement ? Certains y croient dur comme fer. Des chapitres entiers de livres ont été écrits, au conditionnel certes, sur l'existence d'un « fils caché ». On prend plaisir, ici et là, à touiller la marmite des rumeurs. Si elles sont vraies, le verra-t-on un jour ce fils caché ? Y a-t-il une vie de famille ? Et, puisque la rumeur installe « Mazarin » au Japon, existe-t-il une Anne Pingeot japonaise ? L'imaginaire est sans limite. On parle d'une galeriste… On situe même le quartier de Tokyo où vivrait l'enfant ! Le microcosme n'a pas fini de s'interroger. Mais comme il n'y a jamais de fumée sans feu, il faut reconnaître que Chirac aime le Japon comme aucun autre président français avant lui. À son actif, on dénombre quarante-deux voyages officiels [1]. À bien y regarder d'ailleurs, la rumeur du « fils caché » s'est juxtaposée à une autre, plus embarrassante : celle d'un « compte caché », toujours au Japon.

Ce n'est qu'après la présidentielle de 2002, à l'occasion du remplacement du patron de la DGSE, Jean-Claude Cousseran, que ce premier sujet de curiosité a été évoqué dans la presse. Les services secrets français, apprend-on alors, auraient enquêté sur les liens du président Chirac avec le banquier Shoichi Osada, devenu sulfureux après la faillite de la Tokyo Sowa Bank qu'il présidait. L'Élysée évoque une « campagne de calomnies ». Mais le ménage a bien été fait à la DGSE, à cause de ce très délicat dossier. On apprendra même à l'occasion des perquisitions chez le général Philippe Rondot, en 2006, que des responsables de ce service avaient été avisés par une taupe anonyme, en novembre 1996, de l'existence d'un compte de Chirac au Japon [2]. Des « calomnies » toujours, selon l'Élysée.

Si le Japon s'installe ainsi comme un mystère dans l'histoire de Chirac, il faudrait d'abord comprendre

1. Le paiement en espèces de certains billets d'avion pour Tokyo a d'ailleurs nourri l'enquête sur les voyages de Chirac et de son entourage.
2. Karl Laske et Laurent Valdiguié, *Machinations, anatomie d'un scandale d'État*, Denoël, 2006.

pourquoi il s'est rendu si souvent dans ce pays. Le premier voyage remonte assez loin. En 1970, il était allé à Osaka inaugurer le pavillon français de l'Exposition internationale. Plus tard, en juillet 1976, jeune Premier ministre, il y retourne, quelques semaines avant sa démission fracassante, invité du chef du gouvernement japonais. D'autres voyages s'ensuivent, et voilà qu'en tant que maire de Paris, il imagine et conclut un « pacte de l'amitié » avec la ville de Tokyo, en 1982. Il suit d'assez près, la même année, la visite au Japon de François Mitterrand qui lance l'idée de la création d'une maison du Japon à Paris. En 1984, Chirac obtient de nos amis japonais qu'ils mettent les bouchées doubles.

À l'occasion d'une « semaine de Paris », le gouverneur conservateur de Tokyo remet à Chirac devant les caméras de télévision un grand certificat de « citoyen d'honneur » de la capitale japonaise. Chirac formule « le vœu fervent que le Japon puisse montrer à Paris ce qu'il est vraiment ». À la vue du programme de la visite, la presse française embraye facilement. Le maire de Paris est reçu comme un chef d'État. L'empereur Hiro-Hito lui accorde une audience puis il déjeune au domicile du Premier ministre Nakasone et, enfin, il assiste au tournoi annuel de sumo dans la loge impériale qui lui a été réservée… En 1984, la presse est aussi curieuse d'en savoir plus sur les projets politiques de Chirac, devenu chef de l'opposition. Lorsqu'on lui demande s'il sera le candidat gaulliste à la présidentielle, les traducteurs s'emmêlent les pinceaux. Chirac dit « pas encore » mais aussi « inch Allah ». Ils traduisent : « Je serais le candidat gaulliste si Dieu le veut » !

Le citoyen d'honneur de Tokyo est réinvité sans cesse. En 1988, l'on propose à Chirac de devenir l'un des six « conseillers internationaux » du jury du prix Impérial, un Nobel de l'art financé par la fondation privée Fuji-Sankeï. Comment refuser ? Henri Kissinger en fait partie. Une indemnité de 100 000 dollars est versée aux conseillers pour couvrir leurs « frais ». Il était donc bien logique qu'il existe un compte Chirac au Japon, puisqu'il y avait des paiements réguliers…

Une jeune femme de confiance, Valérie Terranova, va être choisie pour s'occuper des relations chiraco-japonaises. Son père, un Corse de Propriano, est un militant RPR exemplaire de Seine-Saint-Denis qui plus est proche de Maurice Ulrich. Valérie entre donc à la mairie de Paris en juin 1988. Chargée de mission cadre supérieur, elle est affectée au secrétariat général avant d'intégrer assez vite la direction des relations internationales de la Ville. En 1993, on apprend qu'elle a été désignée pour représenter la Ville de Paris à Tokyo dans le cadre de l'association Paris-Tokyo. Mieux : cette désignation s'accompagne d'un avis de détachement à l'étranger « à compter du 18 septembre jusqu'à une période indéfinie, en tant que "représentante de la Ville" au Japon ». Insigne honneur. Le projet qui lui est confié est l'ouverture d'une boutique de la Ville de Paris à Tokyo. Et cela peut surprendre puisqu'il n'existe pas d'autres « représentations » de la mairie dans le monde, pas même à New York ou Berlin. Faire exister cette boutique supposait un budget, une logistique et, évidemment, des idées pour en faire un lieu culturel. Valérie Terranova va poursuivre sa mission, une fois Chirac installé à l'Élysée. Elle sera propulsée commissaire exécutif de l'année de la France au Japon, en 1998, avant de rejoindre la présidence comme chargée de mission en 1999.

Au même moment, s'écrit la face cachée de ce roman de l'amitié franco-japonaise. Au fil de ses voyages, Chirac se rapproche du banquier Shoichi Osada, PDG de la Tokyo Sowa Bank. Il aurait été son hôte dans son hôtel d'Awashima, en 1994. Des rapports de la DGSE [1] datés de 1996 soulignent l'« inquiétude » de l'ambassadeur de France à Tokyo, Bernard de Montferrand, ancien directeur de cabinet de Michel Aurillac au ministère de la Coopération, au sujet de la déconfiture de cette banque. Entre 1993 et 1995, Bernard de Montferrand avait été le conseiller diplomatique d'Édouard Balladur… En novembre 1996, la perspective d'une faillite de la banque de Shoichi Osada lui paraît « problématique » en raison du « caractère particulier des relations entre son président Osada et le président Chirac ». Rien de moins. L'ambassadeur ajoute que Shoichi Osada a été honoré par la France qui l'a fait chevalier dans l'ordre de la Légion d'honneur, et qu'il est même question de le nom-

1. *Ibid.*

mer officier. Bernard de Montferrand s'intéresse donc aux liens Osada-Chirac, tout en ignorant, on doit le supposer, le contenu des télex adressés par l'agent de la DGSE sur place. Ceux-là, rédigés sur la foi d'une taupe baptisée Jambage, mettent en garde les Français sur la moralité du banquier et les méthodes « musclées » de son entourage [1]. Mais surtout ils mentionnent l'existence d'un compte ouvert par Sowa au nom de Chirac, et des fonds déposés à hauteur de 7 milliards de yens, soit 300 millions de francs ! Délirant ? C'est possible. La taupe japonaise est restée en eaux profondes.

Mais ce que l'on nous annonce, début 1998, est à certains égards aussi un peu délirant : Maurice Gourdault-Montagne, ancien directeur du cabinet du Premier ministre Alain Juppé, est nommé ambassadeur au Japon. Tout le monde est surpris, parce que c'est loin d'être un homme de premier plan. Généralement, nos ambassades de Tokyo, Washington, Londres ou Rome sont confiées à des diplomates à la fin de leur carrière, ayant déjà occupé cette fonction dans une ou plusieurs capitales. Maurice Gourdault-Montagne n'a jamais été ambassadeur de sa vie. Le voilà parachuté directement à Tokyo ! Un morceau du film nous échappe. À son retour de Tokyo, c'est encore mieux puisqu'il sera nommé sherpa du président de la République.

J'ai connu Maurice Gourdault-Montagne au service de presse du Quai d'Orsay. C'était un homme plutôt

1. *Ibid.*

introverti, souvent intimidé, pas brillantissime. Il n'est d'ailleurs pas énarque mais secrétaire d'Orient. En 1986, il entre au cabinet du ministre des Affaires étrangères, Jean-Bernard Raimond, comme attaché parlementaire. Il vient me rendre visite au Sénat où je suis secrétaire général du groupe RPR, et il me demande des tas de conseils et de services. En 1988, pressentant la victoire de la gauche, il se tient à l'écart de la campagne de Chirac. Et son passage au cabinet du ministre lui offre l'opportunité de monter dans la hiérarchie. Il est nommé à Bonn où il passe quelques années comme numéro trois de l'ambassade, avant de revenir à Paris avec la casquette de directeur adjoint du service de presse du Quai d'Orsay.

À l'arrivée d'Alain Juppé au ministère des Affaires étrangères en 1993, Maurice Gourdault-Montagne est nommé directeur adjoint du cabinet, placé sous la direction de Dominique de Villepin. Trois personnes tiennent le système Juppé quand le ministre voyage : Dominique de Villepin, Maurice Gourdault-Montagne et Catherine Colonna, chef du service de presse. À l'époque, on dit même que le cabinet c'est « GG » : Galouzeau et Gourdault. En réalité, Maurice Gourdault-Montagne devient l'esclave de Dominique de Villepin. Un certain nombre de secrets du monde lui sont confiés : armes, pétrole, haute diplomatie. Il apparaît très peu lors de la campagne présidentielle de 1995. Mais après la victoire de Chirac et la nomination d'Alain Juppé, il devient directeur de cabinet du Premier ministre, tandis que

Dominique de Villepin prend ses fonctions de secrétaire général de l'Élysée. Dès lors, il est dans la tour de contrôle de l'État et peut se faire les pectoraux sur les affaires internationales, mais il est au cœur de l'échec de la dissolution de l'Assemblée nationale en 1997. Après son séjour au Japon, il se fâchera irrémédiablement avec Dominique de Villepin, lassé de guigner le poste de secrétaire général de l'Élysée, qui lui échappe au profit de Frédéric Salat-Baroux.

Rétrospectivement, le passage de Maurice Gourdault-Montagne au Japon n'est donc pas anodin. Le président s'est donné l'assurance d'être directement informé si le besoin s'en faisait sentir. Il est évidemment préoccupé par les curiosités malsaines que suscitent ses japonaiseries. D'ailleurs, ce que craignait l'ambassadeur est finalement arrivé : la Tokyo Sowa Bank a fait faillite en 1999. Quant à son ex-PDG, Shoichi Osada, il a été incarcéré un an plus tard. Ces événements ne semblent avoir eu aucune conséquence sur l'engouement présidentiel pour le Japon.

En revanche, ils ont réveillé l'intérêt de certains responsables des services. À l'été 2001, un capitaine de la DGSE rapporte la nature des investigations en cours à l'Élysée en affirmant que « la gauche » monte des chantiers contre « la droite ». Jean-Claude Cousseran est convoqué par Chirac. Le général Rondot est chargé d'enquêter sur le dossier. La cohabitation part en vrille. Lionel Jospin affirme tomber des nues. Ce n'est qu'après sa réélection que Chirac sort le lance-flammes. Jean-

Claude Cousseran est démis de ses fonctions, tout comme les agents et les responsables qui ont mis leur nez dans l'affaire japonaise. Le règlement de comptes est tellement violent qu'il relance les rumeurs. Les liens avec Shoichi Osada d'abord. Puis le fils caché. Il faudra attendre l'explosion de l'affaire Clearstream au printemps 2006, et la saisie lors d'une perquisition des archives de Philippe Rondot, pour comprendre qu'une taupe avait vraiment alerté la DGSE, depuis Tokyo, sur l'existence d'un compte millionnaire en dollars au nom de Chirac... Aucune preuve n'est apparue. La manipulation est envisageable. Les barbouzes s'activent déjà à la recherche d'un mystérieux bordereau bancaire.

21.

L'ombre de Mitterrand

À l'issue du second mandat de Chirac, alors que la course à l'Élysée vient de débuter, on ne manquera pas de faire un parallèle entre sa carrière politique et celle de son prédécesseur. L'une des interrogations les plus répandues sur la mémoire de Mitterrand et le présent de Chirac concerne la morale. Il est amusant de voir à quel point des personnages historiques peuvent ainsi porter des valeurs et leur plus extrême opposé. Moralisation et immoralité par exemple. À ce sujet, François Mitterrand et Jacques Chirac ont derrière eux des zones d'ombre impressionnantes. Leurs débordements respectifs sont venus comme souvent d'une appétence personnelle pour le pouvoir, l'argent et le sexe. Ainsi que des influences néfastes des entourages.

Contrairement à Chirac, François Mitterrand n'a pas été visé par les juges. Il n'a pas dirigé de grande mairie et n'a gouverné que d'assez haut un grand parti. À l'inverse, Jacques Chirac, dont j'ai toujours pensé qu'il était resté adolescent, s'est maintenu à la tête des troupes tout le temps. Quand je l'ai connu à Matignon, en 1974, il était aux avant-postes. Lors de sa démission en 1976, il n'a pas fait faire le travail par les autres. Le RPR, il le dirigeait. Il en était le patron. La mairie de Paris, prise en 1977, sera la source de nombreuses confusions, de tous ordres, et on en revient à la morale. Contrairement à François Mitterrand, Chirac a vécu longtemps aux crochets de la République, dans les palais nationaux : ceux des ministères, deux fois à Matignon et à l'Hôtel de Ville de Paris avant l'Élysée. Chirac est sûrement un peu gaulliste, très pompidolien, il a probablement été un tout petit peu giscardien, mais il est surtout très radical-socialiste, très clientéliste, très opportuniste. En cela, il se rapproche beaucoup de François Mitterrand. Michel Rocard, son très vieil ami, l'a formulé en termes plus cordiaux : « C'est un chenapan. »

Reconnaissons que si Jacques Chirac trouve toujours un arrangement avec le ciel ou ce que l'on appelle la morale et les valeurs, il aura été un vrai républicain. Toujours respectueux du suffrage universel. C'est un des rares à s'être toujours présenté à toutes les élections. À avoir rejeté les extrêmes. À avoir condamné les xénophobies, les ostracismes, hormis deux ou trois dérapages. En revanche, la nature des biens matériels engagés par lui-même et son équipe au RPR importait peu. Qu'il s'agisse d'argent public ou autre. Chirac prêtait évidemment le flanc à la critique, dans la mesure où il était à la tête d'un petit empire réunissant la Corrèze, l'Hôtel de Ville, le RPR et, par intermittence, le gouvernement. Les faits ont été jugés : il y a eu confusion des genres. On ne peut s'étonner que les juges aient encerclé Jacques Chirac comme ils l'ont fait.

Il est plus surprenant qu'aucun juge n'ait seulement tenté de demander des comptes à François Mitterrand. À la fin des années quatre-vingt, les cahiers d'un collecteur de fonds du Parti socialiste mentionnaient par exemple la campagne présidentielle de 1988. Difficile de dire si les juges des années quatre-vingt-dix seraient remontés jusqu'à lui, comme ils ont essayé de le faire avec Chirac. Les temps ont changé. Par le passé, la presse, le pouvoir judiciaire et le pouvoir législatif étaient plus respectueux de ce que l'on appelle le domaine réservé. On a gagné en transparence. Et en clairvoyance. Mais je crois que François Mitterrand était aussi plus habile. Il faut prendre en compte la personnalité de Chirac. Ce n'est pas un idéologue ni un philosophe. C'est un homme qui est en action jour et nuit, à tous égards. Et qui parfois s'entoure de gens qui, non seulement ne font pas écran, mais sont très imprudents. Toutefois, sous Chirac, il n'y a pas eu de suicide au château…

Avant 1981, pendant quelques années, François Mitterrand écrivait lui-même l'éditorial de *L'Unité*, tous les vendredis. C'était sa pensée, sa prose. À l'inverse, Chirac lit des discours souvent écrits par d'autres. C'était la mission d'Alain Juppé dans les années quatre-vingt.

Chirac n'est ni un scribe ni un penseur. C'est un homme de conquête du pouvoir. Un homme de séduction. Autour de lui, à chacun sa mission : ceux qui doivent s'occuper du financement, du juridique, de l'écriture des projets et du fonctionnement de la machine. Lorsque j'étais le bras droit de Jérôme Monod au secrétariat général du RPR, nous avions carte blanche pour tout coordonner : de la poignée de porte au paiement du banquet, jusqu'à la réservation de l'avion. Chirac a horreur de s'occuper de l'intendance. Il donne un cadre, des impulsions, des instructions, avec un certain humanisme pour le petit personnel. C'est un militaire. Un chef de caravane. Il faut que ça avance. Allez, à cheval !

François Mitterrand était un homme beaucoup plus secret, qui compartimentait beaucoup plus ses fréquentations, les différents cercles, les différents réseaux. Chez Chirac, ça se croise et s'entrecroise. Lui-même se prend les pieds dans le tapis. Dans l'affaire des emplois fictifs, bien des dérives auraient pu être évitées. La mise sur pied d'un bureau de Chirac en Corrèze, pour ses bonnes œuvres, financé par la mairie de Paris, a été particulièrement maladroite et grotesque. Par certains côtés, c'est un vrai resquilleur. Un homme qui n'a pas le temps de faire la queue. L'entourage est responsable, mais on retrouve toujours quelque part sa marque de fabrique. Quand nous avons secrètement appelé à faire élire François Mitterrand plutôt que Valéry Giscard d'Estaing en 1981, l'ordonnateur, c'était lui. Quand des opérations juridico-financières discutables étaient échafaudées, l'inspirateur c'était lui. Si l'on recherche une responsabilité finale dans l'affaire des faux électeurs du IIIe arrondissement, on ne verra pas la main de Chirac, mais l'ordonnateur en chef était fatalement lui, et pas l'arrière-cousin de Jacques Dominati.

Si on revenait sur les affaires Luchaire, Pelat, Grossouvre, on pourrait conclure que François Mitterrand appliquait la même méthode. Mais avec une plus longue cuillère. L'époque était déjà à un usage très particulier des fonds publics. Quand Roger Hanin et sa femme, Christine Gouze-Raynal, se rendaient à Latché, ils prenaient l'avion jusqu'à Biarritz et des voitures de l'Élysée venaient les chercher à l'aéroport ! On peut sourire en constatant que la demeure présidentielle de Souzy-la-Briche utilisée par Anne Pingeot et sa fille Mazarine sous François Mitterrand est aujourd'hui occupée par Claude Chirac. On est en présence d'une forme de glissade, de dérive incontrôlée du train de vie de l'État, mais aussi du monde industriel et financier.

Au final, François Mitterrand et Jacques Chirac ont tous les deux vu la justice s'emparer des plus honnêtes de leurs collaborateurs, deux hommes originaires des Landes, Henri Emmanuelli et Alain Juppé, auxquels aucun enrichissement personnel n'a jamais été reproché mais qui ont payé pour des systèmes. Mon ami Alain aurait dû davantage prendre les choses en main lorsqu'il était à la tête du parti, pour éviter les erreurs. C'est quand même le RPR qui a demandé la moralisation de la vie politique, avant que François Mitterrand prenne la balle au bond. Depuis 1990, nous aurions tous dû nous mettre d'équerre. Nous avons renforcé l'action des juges mais il n'est pas sûr que le résultat ait été celui que nous attendions. Il est possible que les lois aient paradoxalement engendré une capacité à plus de dissimulation et de combines.

Parmi les affaires plus anciennes, celle du faux attentat des jardins de l'Observatoire aurait dû écarter François Mitterrand de la politique jusqu'à la fin de ses jours. Mais il disposait d'une force que l'on retrouve chez Chirac : la ténacité. Sa volonté de pouvoir était si grande qu'il a fabriqué son parti – au congrès d'Épinay-sur-Seine – et un jeu d'alliance – le programme commun de la gauche. En 1974, il perd l'élection mais il continue. En 1981, François Mitterrand candidat profite finalement de la dislocation de la droite, et en particulier de l'affaire des diamants. Il faut rappeler que Chirac a commencé sa carrière dans ce climat. L'achat du château de Bity en 1969 avait été très vite exploité par *Le Canard enchaîné*. Contrairement à François Mitterrand, qui s'est servi de l'affaire giscardienne pour son élection, Chirac, lui, a subi une offensive judiciaire pendant la campagne électorale de 1995, et s'est fait élire malgré tout. L'offensive d'ailleurs se poursuivra jusqu'à la tentative de convocation de Chirac par le juge Éric Halphen. Quoi qu'en ait pensé la gauche, le président de la République reste protégé par les textes. En outre, le dossier judiciaire n'était peut-être pas très étayé…

François Mitterrand et Chirac se sont détestés, appréciés, considérés et puis, à la fin, sûrement aimés. Se trouvant réciproquement un certain savoir-faire. Alors que François Mitterrand jugeait Chirac insuffisamment cultivé, il savait qu'il avait affaire à un homme loyal, un homme de terrain. Le président vieillissant en était venu à détester à la fois Édouard Balladur et Lionel Jospin. Quant à Chirac, qui avait combattu François Mitterrand toute sa vie, il avait de l'admiration tant pour ses combines que pour ses convictions. Tout spécialement ses contre-pieds. Cette capacité d'affirmer une opinion à contre-courant de l'opinion publique, comme lors de l'abolition de la peine de mort. D'un autre côté, à la fin de sa vie, François Mitterrand devait être assez admiratif de la façon dont Chirac n'avait jamais fait de compromis avec Jean-Marie Le Pen, lui.

Tous deux se sont fait mutuellement la courte échelle pour des raisons tactiques. En 1981, ils avaient besoin tous les deux d'éliminer Valéry Giscard d'Estaing. En 1995, ils avaient besoin tous les deux de voir Édouard Balladur mordre la poussière et Lionel Jospin perdre. Ils se sont plus ou moins aidés réciproquement à ce moment-là. Ils s'étaient combattus avant. Chirac, dans la peau du jeune loup pompidolien, avait été l'un des plus hostiles à François Mitterrand en 1974 jugeant qu'il était l'homme à abattre. C'est d'ailleurs pour cela que Chirac choisit Valéry Giscard d'Estaing pour faire battre Jacques Chaban-Delmas et barrer la route à François Mitterrand. On ne fait pas de politique avec des « si », mais Giscard d'Estaing devrait se souvenir qu'il a été élu cette année-là grâce à Chirac. En 1981, on peut le dire aujourd'hui, Chirac a aidé François Mitterrand. Il considérait sûrement qu'il fallait d'abord que Valéry Giscard d'Estaing soit éliminé pour être en position de gagner. En 1988, François Mitterrand président et Jacques Chirac Premier ministre se livrent leur premier combat frontal. Jacques Chirac n'était pas au niveau. Quant à François Mitterrand, bien que septuagénaire et souffrant d'un cancer, il était au mieux de sa forme intellectuelle et politique.

À la mort de François Mitterrand, en janvier 1996, la réaction de Chirac est un hommage du vice à la vertu. Et tout a été fait pour que les exigences et les demandes de Mitterrand soient exaucées, que tout se passe bien pour Anne et Mazarine Pingeot, pour Danielle Mitterrand. Aujourd'hui encore, la fondation de cette dernière reçoit régulièrement des sommes considérables sur les fonds de l'Élysée. Chirac est généreux.

Paradoxes et similitudes de parcours. François Mitterrand a commencé la politique à droite et même à l'extrême droite pour finir au centre gauche, rassembleur des droites. Chirac a commencé à gauche, vendant *L'Humanité*, avant de partir vers la droite classique – après une période très « Algérie française » – prenant le mouvement gaulliste, s'affichant avec Charles Pasqua, pour finir avec les louanges d'une partie des gauches. Sur le tard, Chirac s'est donné un visage humaniste, une ouverture à l'électorat d'origine immigrée, une sensibilité à la fracture sociale. Ses douze années à l'Élysée ne sont pas celles d'un homme de droite. Au contraire. Si une partie de son électorat s'en va à l'extrême droite, c'est aussi pour cette raison. D'ailleurs, nul besoin de rappeler qu'en 2002 il a été miraculeusement réélu grâce notamment aux voix de la gauche.

Les deux présidents sont issus de cette petite bourgeoisie qui prétend réussir par le mérite. D'un côté François Mitterrand, qui a fréquenté l'école privée des bons pères, de l'autre Chirac, qui est allé à la laïque, parce que son grand-père était franc-maçon et instituteur. L'un, comme cela se faisait avant guerre, sera avocat. L'autre, comme cela se faisait après guerre, va être énarque. L'idée, c'est de cheminer vers le pouvoir. On dit que Chirac ne voulait pas être président. Certes, peut-être pas aussi jeune que Nicolas Sarkozy… C'est un pragmatique. Sans être un homme de gauche, je pense qu'il a toujours été radical-socialiste. Quand j'ai participé à sa campagne électorale en mars 1976, en Corrèze, je l'ai côtoyé des journées entières. À cette époque, ce n'était pas du tout un homme de droite, ni un grand bourgeois. Il n'aimait pas les entrepreneurs ni les banquiers. Ce qui ne l'empêchait pas de se faire aider et financer par des chefs d'entreprise. Mais dans son comportement, il était moins proche des attitudes de la grande bourgeoisie ou de l'aristocratie que François Mitterrand. Il a épousé une petite aristo, il la vouvoie, il adopte des comportements de châtelain, veut plaire à sa belle-mère. Mais François Mitterrand à l'inverse, homme de gauche, a été toute sa vie un élitiste. Plutôt sacristain. Il voulait ressembler aux grands bourgeois de Charente. Le jeune Chirac était chahuteur, et tueur. Le point zéro de leur vie politique a été strictement inverse. Les écrits de François Mitterrand sont des écrits de l'Action française. Par la suite, il a été pétainiste puis résistant. À l'inverse, Chirac part de la gauche pour évoluer vers l'Algérie française puis le gaullisme, enfin surtout le pompidolisme.

Chirac est un homme de gauche à l'origine. À la fin de sa vie politique, je ne prends pas beaucoup de risques en écrivant qu'il respecte en François Mitterrand le vieux combattant. Et qu'il voudrait lui ressembler. Souvent Chirac s'est posé la question de ce qu'aurait fait François Mitterrand dans telle ou telle situation politique. À la fin de sa vie, il aura tué quasiment tous ses amis, depuis Jacques Chaban-Delmas jusqu'à Nicolas Sarkozy, en passant par Édouard Balladur, Charles Pasqua, Jean Tiberi, Philippe Séguin… Il ne peut être qu'admiratif de l'ancien président enterré à Jarnac, qui finalement a beaucoup moins tué. François Mitterrand aura été un agglutineur. Il aura passé sa vie à rassembler. La SFIO, les clubs, les proches de Pierre Mauroy, Gaston Defferre, les communistes, les radicaux, Robert Fabre et Maurice Faure, puis Michel Jobert. Au fond, François Mitterrand aura réussi à gauche ce que Valéry Giscard d'Estaing voulait faire à droite, c'est-à-dire l'ouverture, sans jamais y parvenir. Souvenons-nous du deuxième septennat de François Mitterrand : non seulement il nomme Michel Rocard Premier ministre, mais il parvient à faire entrer au gouvernement ce que la droite appellera des traîtres : Michel Durafour, Jean-Pierre Soisson, Olivier Stirn, tous anciens ministres de Giscard, qui passent de la droite à la gauche. François Mitterrand donnait l'impression de rassembler même quand il tuait. Ce qu'il a fait avec les communistes en les faisant entrer au gouvernement. Ou avec Michel Rocard en le nommant Premier ministre. Quelle maestria et quelle onctuosité dans les nominations par Mitterrand, s'appuyant sur l'extrême vanité des autres ! Il avait cette capacité de tuer sans que cela se voie. C'était un vrai Machiavel. Jacques Chirac aura été un Borgia.

Épilogue

Monsieur le président, vous souvenez-vous ? Vous les avez vus et entendus place de la République, un soir pluvieux de victoire, en compagnie de Bernadette, ces jeunes agitant qui un drapeau français, qui un drapeau algérien. Vous le saviez bien : rassembler au soir du 5 mai 2002, comme dans un rêve inespéré, 82 % des suffrages contre Jean-Marie Le Pen ne pouvait suffire. Il fallait ouvrir, rassembler et, en gaulliste convaincu, puisque vous l'êtes, injecter une forte dose d'espoir dans le moral des Français. De Gaulle fit entrer Guy Mollet au gouvernement, vous auriez dû y faire entrer François Bayrou et ses amis, ainsi que quelques personnalités de gauche comme Bernard Kouchner ou Claude Allègre !

On s'attendait à ce que, miraculeusement reconduit par le pays, vous formiez un large gouvernement d'union nationale. Vous auriez pu, comme le général de Gaulle en 1958, rassembler les Français vers un effort commun. Il n'en fut rien.

Qu'avez-vous fait de la victoire, monsieur le président ? Quel mauvais esprit, gérant votre cerveau, a pu vous convaincre de retourner aux délices du sectarisme partisan, fût-il celui de l'UMP ? Comment avez-vous pu faire un choix aussi inapproprié que l'aurait fait Valéry Giscard d'Estaing ? Vous qui avez si bien su fédérer en Corrèze, unir à Paris et rassembler au sein de notre mouvement gaulliste.

Jean-Pierre Raffarin, nommé Premier ministre, réunit un gouvernement de stricte obédience UMP parsemé de quelques transfuges de l'UDF. Jean-Pierre Raffarin Premier ministre ? Mais pourquoi pas Christian Poncelet, Michèle Alliot-Marie ou Jean-Louis Debré, pendant que vous y étiez, puisqu'il ne s'agissait que de garder au chaud une place qui finirait par échoir à Alain Juppé ou à Dominique de Villepin ? Ce n'est pas la main que vous avez perdu ce jour-là, monsieur le président, mais plutôt votre grand sens politique qui, jusque-là, vous avait si rarement fait défaut…

Belle occasion manquée ! Résultat de cette opération politicienne de petite envergure : une catastrophe électorale aux régionales et aux européennes de 2004 pour vous-même et le gouvernement Raffarin au profit d'une gauche ragaillardie. Ce fut une mauvaise passe, un très mauvais moment pour les Français. Un peu comme le jour où vous avez décidé de parachuter Philippe Séguin à Paris, lui qui voulait « mettre un terme au système Chirac ». Les Parisiens ne vous remercient pas du cadeau Delanoë et encore moins, semble-t-il, les automobilistes.

Entre-temps, nous avons vécu les suites du 11-Septembre, observé le terrorisme international, la politique de George Bush et de ses alliés en Irak, la position originale de la France. Avec Dominique de Villepin, vous avez semblé incarner une politique extérieure gaulliste, une action internationale indépendante soutenue par la droite et la gauche à quelques exceptions près. Vous avez slalomé comme vous aimez le faire, monsieur le président, entre des positions contradictoires et difficiles. Le 11 septembre 2001, toute la France s'est sentie proche de l'Amérique. Lors du renversement de Saddam Hussein, notre position est restée, sous votre houlette, fondamentalement celle du Quai d'Orsay, c'est-à-dire pro-arabe. Dès lors, comment fédérer les Français, et plus encore les Européens, sur une position commune ? L'échec du référendum sur la Constitution européenne a sonné le glas de l'Europe politique tout en scellant le départ du Premier ministre et de son équipe. Jean-Pierre Raffarin repartit vers le Sénat d'où il était venu pour s'occuper de la « France d'en bas », en abandonnant au passage la présidence de la région Poitou-Charente à Marie-Ségolène Royal. Bien que fort énergique et ambitieux dans son action, Nicolas Sarkozy, notons-le au passage, n'a guère pesé dans ses différentes fonctions pour endiguer les larges défaites électorales de 2004 et 2005. Dominique de Villepin non plus, d'ailleurs.

La fin de l'année 2005 n'a pas été clémente au tandem gouvernemental que vous avez formé à la hâte : un nouveau Premier ministre, Dominique Galouzeau de Villepin, et un Premier ministre *bis*, ministre d'État, ministre de l'Intérieur, de l'Aménagement du territoire et de la Décentralisation par ailleurs président de l'UMP, Nicolas Sarkozy. Bigre ! Avec un tel attelage, porteur de tant de conflits, vous vouliez sûrement des étincelles, monsieur le président… Il y en eut. Mais malheureusement surtout dans les banlieues, où ni Dominique de Villepin, ni Nicolas Sarkozy, ni Jean-Louis Borloo ne purent canaliser le profond sentiment de frustration et de révolte des jeunes. Rappelez-vous, ce fut une explosion inouïe de violence durant plusieurs semaines. Vous-même avez eu bien du mal à comprendre la gravité de la fièvre qui s'est emparée du pays réel. Les parlementaires et les médias aussi. Les combats de rues ont amené les étrangers à regarder la France comme un pays soudainement en proie à des luttes ethniques et communautaristes. Haines et racismes ont remonté à la surface avec pour corollaire dans toute la jeunesse un rejet extrêmement violent des forces de l'ordre. Les propos de notre ministre de l'Intérieur avaient catalysé la « racaille », en suggérant aux plus extrémistes de « karchériser » la société.

La crise retombée, il ne suffisait sûrement pas de faire le bilan des voitures brûlées et des édifices publics incendiés. Il ne servait plus guère de faire la leçon aux Américains et au monde entier. Il fallait, avec Dominique de Villepin, montrer concrètement, et vite, ce qu'était « une bonne gouvernance ». C'était difficile, d'autant plus que, malheureusement, vous aviez été victime, monsieur le président, d'un léger accident vasculaire cérébral, à la fin de l'été.

Votre Premier ministre tenta bien, début 2006, d'accélérer « le rythme des réformes », en introduisant tambour battant le fameux Contrat première embauche. Même s'il ne plaisait à personne. Saute-mouton pardessus Gérard Larcher, Jean-Louis Borloo et la concertation avec les partenaires sociaux. On se passera de ces « connards » de parlementaires, se dit Dominique de Villepin comme à son habitude. Ils suivront de toute façon, par trouille, en rampant. Le Premier ministre n'a compris ni la France profonde, ni sa jeunesse et sa force persuasive. On était loin des hautes sphères de la diplomatie ou des Nations unies, mais dans la rue, face à des manifestants, déterminés et capables. Acculé une nouvelle fois, le gouvernement se tourna vers vous, monsieur le président, pour que vous promulguiez cette loi qui ne serait jamais appliquée ! Ce jour-là, vous avez fait très fort !

Mais le gouvernement n'est pas tombé pour autant. Cahin-caha, Dominique de Villepin, Nicolas Sarkozy et Jean-Louis Borloo ont poursuivi leur action au service des Français. L'épopée peu glorieuse du *Clemenceau* est à inscrire au tableau d'honneur de notre ministre de la Défense, Michèle Alliot-Marie. Et que dire des relents de manipulations respirés dans les vapeurs de l'affaire Clearstream ?

Revenons à l'essentiel, monsieur le président. En ce jour historique du 14 janvier 2007, Nicolas Sarkozy a donc été intronisé, consacré empereur-candidat de l'UMP à la présidence de la République. Notre Sarkozy parvint finalement, après Valéry Giscard d'Estaing, Raymond Barre, Édouard Balladur et vous-même, monsieur le président, à défendre les couleurs de la droite. Remarquez avec moi qu'il s'agit surtout de la droite sarkozienne, cette UMP que nous devons à l'intelligence politique de Jérôme Monod, malgré les soutiens récents d'Alain Juppé, de Michèle Alliot-Marie et de Micheline Chaban-Delmas.

D'autres clients vont ratisser à droite. Jean-Marie Le Pen évidemment, presque assuré de dépasser les 20 %. François Bayrou aussi, qui pourrait réaliser un score bien supérieur à ses 6,83 % de 2002, par les apports de la droite qui n'ose pas Le Pen et ne veut pas de Sarkozy, et ceux de la gauche qui ne veut pas de Marie-Ségolène. Et si Bayrou était au second tour ? Surprise !

Où donc iront, monsieur le président, les troupes réelles ou virtuelles de Philippe de Villiers, Nicolas Dupont-Aignan, Dominique de Villepin et Jean-Louis Borloo, sans oublier celles de Nicolas Hulot ?

Déjà le ras-le-bol gagne l'électorat avec cette obligation, imposée par les médias, de ne pouvoir choisir qu'entre Marie-Ségo et Sarko. En 1995, les mêmes journalistes nous obligeaient à choisir impérativement : Balladur ou Jospin ! Ce fut Chirac. En 2002, la même nomenklatura nous intimait l'ordre des résultats : 1. Jospin, 2. Chirac, 3. Chevènement ! Ce furent Chirac et Le Pen.

Pour 2007, les mêmes qui, jadis, rêvaient d'Édouard Balladur sont comme des hannetons dans un abat-jour :

Sarko, Sarko, Sarko... Il serait bon que les propriétaires de ces médias hyperactifs sachent raison garder. D'abord, parce que nous sommes en République, monsieur le président, et puis parce qu'il est sain que les analystes, les politologues, les sondeurs se tournent de temps en temps vers la France profonde, de métropole et d'outre-mer.

Au moment de terminer ce livre, il m'apparaît bien que rien n'est encore joué. On ne peut rien prédire du résultat d'un affrontement entre Nicolas Sarkozy et Marie-Ségolène Royal au premier tour, ni d'ailleurs au second, si l'un ou l'autre gagne son combat pour la seconde place face à Jean-Marie Le Pen ou François Bayrou.

Reconnaissons à Marie-Ségolène d'avoir discrètement et judicieusement tissé sa toile de la démocratie participative. Des éléphants Jospin, Fabius et Strauss-Kahn, elle a fait son brouet quotidien pendant plusieurs semaines, jusqu'à les absorber goulûment grâce notamment aux voix des nouveaux adhérents du PS. À ses côtés, il reste beaucoup d'inconnues. L'extrême gauche attirera-t-elle les jeunes, les contestataires, les alter et les antilibéraux ? Que pèsera Dominique Voynet après le forfait de Nicolas Hulot ? Marie-George Buffet enlèvera-t-elle à notre Madonette du Poitou les points qui lui permettraient d'être présente au second tour ? Pour affronter qui ? À toutes ces questions, bien peu de spécialistes peuvent vraiment répondre. Il faudrait l'intuition d'un François Mitterrand pour donner valablement un avis ou, comme dit Claude Chirac, comprendre les vrais gens.

Reste une dernière possibilité, monsieur le président. Je sais que vous ne voulez pas l'écarter. Je sais que vous jouez encore avec elle. Vous êtes tenté, chacun le devine. Évidemment, laisser la politesse à Marie-Ségolène vous ressemblerait bien, on connaît votre goût pour les femmes qui ont du chien. Mais souvenez-vous, monsieur le président, que les Français vous observent et qu'ils vous ont tout pardonné. Vous êtes leur héros malgré tout. Malgré vous. Votre carrière reste époustouflante. Ces quarante longues années de vie politique, parsemées de ces boulettes abracadabrantesques dont vous avez le secret, nous ont tous marqués. Deux mandats présidentiels, sept ans, puis cinq ans... Des manœuvres dont certaines resteront des cagades historiques...

Croyez-moi : en quarante ans, il est bien normal que vos propositions, promesses et déclarations aient engendré griefs, contestations, satisfactions, critiques, injures, cris et chuchotements. Comme François Mitterrand, vous avez marqué plusieurs générations. Votre capacité au combat politique, votre incroyable aptitude à rebondir ont été exemplaires, y compris lorsque tout vous condamnait à jeter l'éponge. Dans ce crépuscule qui s'annonce, je vois de fantastiques rayons de soleil couchant illuminer encore votre avenir politique. Je n'exagère pas : ces douze dernières années vous étiez constamment présent, remuant et actif au nom de la

France. Sans partager l'extraordinaire vision géopolitique du général de Gaulle, vous avez marqué la scène internationale par votre allant. Sans posséder l'étonnante culture qui permettait à François Mitterrand de braver les bourrasques de l'histoire, vous avez tenté d'adapter la France d'aujourd'hui à la mondialisation et aux évolutions de notre planète en danger. Vous avez compris les aspirations, les risques, les frayeurs qui nous étreignent, même si vous avez souvent abandonné en route les idéaux d'hier.

Nicolas Sarkozy est encore jeune. Contrairement à Édouard Balladur ou Lionel Jospin, il pourrait revenir, et concourir plus tard. Si vous ne repreniez pas ce combat qui vous tient tant à cœur, vous risqueriez, monsieur le président, de voir s'affronter au second tour Jean-Marie Le Pen et Marie-Ségolène Royal. Peut-être même vous accuserait-on de vouloir la victoire de l'adversaire, comme en 1974 ou en 1981 ? Il ne tient qu'à vous de sauver la France de ses penchants pour la politique partisane, celle que de Gaulle condamnait. Vous pourriez poursuivre votre œuvre, comme François Mitterrand, pourtant un peu âgé et déjà malade, l'a fait en 1988.

Regardez de l'autre côté de la Méditerranée. Hosni Moubarak, votre ami, s'est représenté en Égypte. Omar Bongo, votre pote, au Gabon. Abdoulaye Wade, ce drôle de maître, va de nouveau être candidat au Sénégal. Vous n'oserez pas aller jusque-là, monsieur le président, nous le pressentons bien. Mais c'est avec une profonde nostalgie que des fidèles militants gaullistes comme moi tourneront la page. Car vous restez notre héros, celui de la grande épopée chiraquienne, malgré toutes nos déceptions. Oserais-je écrire : notre président, à jamais, vous l'ami de trente ans…

Table

Achevé d'imprimer
par la Société Nouvelle Firmin-Didot
à Mesnil-sur-l'Estrée, en mars 2007.
Dépôt légal : mars 2007.
Numéro d'imprimeur : 84394

ISBN : 978-2-207-25824-8/Imprimé en France.

151760